Inhalt

Editorial

Liebe Leserinnen und Leser,

mit diesem Heft schlagen wir gleichsam zwei neue Kapitel in der Geschichte von Quatember auf: Seit kurzem gibt es sowohl eine Änderung in der Schriftleitung wie auch beim Verlag.

Nachdem Florian Herrmann (EMB) als Schriftleiter und Margrit Dürring (BD) seit 2010 Quatember gemeinsam im Auftrag unserer drei Berneuchener Gemeinschaften herausgegeben haben, hatten sich beide entschlossen, diese Aufgabe zum Jahresende 2016 abzugeben. Als neuer Schriftleiter konnte Roger Mielke (EMB) beauftragt werden – er legt mit der aktuellen Ausgabe das erste von ihm erarbeitete Heft vor. Diesen Wechsel in der Schriftleitung nehmen wir zum Anlass, allen dreien zu danken: Margrit Dürring und Florian Herrmann für die langjährige hervorragende Arbeit, die sie mit Einsatz von viel Kraft, Kreativität und Zeit geleistet haben. Wir verdanken ihnen 25 Hefte mit einer weitgefächerten Themenpalette in höchst ansprechender Gestaltung. Roger Mielke danken wir für die Bereitschaft, die Aufgabe der Schriftleitung zu übernehmen und weiterzuführen.

Gleichzeitig mit dem Wechsel in der Schriftleitung wurde ein Wechsel beim Verlag nötig. Wir freuen uns, dass die renommierte Evangelische Verlagsanstalt in Leipzig von nun an Quatember betreuen wird und auf diese Zusammenarbeit. Durch die Verlagssuche und die damit verbundenen zeitlichen Verzögerungen war es allerdings nicht möglich, ein Quatember-Heft zu Ostern herauszubringen. Das vorliegende Pfingstheft ist daher etwas umfangreicher angelegt und bietet mit dem Thema Reformation Lesestoff, der das ganze Jahr über und darüber hinaus aktuell sein wird.

Eine inspirierende Lektüre wünschen Ihnen die Herausgeberin und die Herausgeber

Sabine Zorn, Frank Lilie und Matthias Gössling

Dank und Gruß

Mit der Gründung des Berneuchener Kreises (später Berneuchener Dienst) und der Stiftung der Evangelischen Michaelsbruderschaft 1931 begann auch das Erscheinen der Evangelischen Jahresbriefe im damaligen Johannes Stauda Verlag in
Kassel. Diese Jahresbriefe verstanden sich als Brief, als schriftli-
ches Bindeglied aller, die an der Erneuerung der Kirche interes-
siert und in der Berneuchener Bewegung engagiert waren. Bis
auf wenige Jahre im Krieg erscheint unsere Zeitschrift Quatember, die im Untertitel noch die Erinnerung an den Brief festhält,
nun im 81. Jahrgang. Nach Kassel und Hannover als Erschei-
nungsorte, konnte nun die Evangelische Verlagsanstalt in Leipzig mit der Betreuung unserer Zeitschrift gewonnen werden.
Das reformatorische Profil in ökumenischer Weite ist dort sicher gut aufgehoben.

Viele Herausgeber und Schriftleiter haben sich in der Vergangenheit um die Qualität bemüht, haben säumige Autoren ge-
mahnt, vielleicht selbst in letzter Minute noch einen Beitrag geschrieben – von Jürgen Boeckh weiß ich es – und so manche
Stunde am Schreibtisch oder Rechner gewacht und gearbeitet.

In den letzten Jahren, seit 2010, hat Pfarrer Dr. Florian Herrmann uns mit den spannenden Themenheften überrascht und
erfreut. Er hat gemeinsam mit Margrit Dürring und Holger
Eschmann die »Berneuchener Familie« dargestellt und den Horizont weit gezogen. Es wurde aus der Vergangenheit Bedeutendes
hervorgeholt oder historische Themen neu behandelt. Aber es
sind auch ganz aktuelle Fragen aufgeworfen worden, die von vielen Seiten beantwortet wurden. Nun haben sich in seinem Leben
andere Schwerpunkte in seiner Gemeinde und Kirche ergeben
und es ist gerecht, dieses anzuerkennen und zu würdigen. Florian
Herrmann hat mit wachen Sinnen Umschau gehalten und vier-
teljährlich uns Freude ins Haus kommen lassen. Für seinen Einsatz und auch den seiner Frau Daniela, die oftmals mitgeholfen
hat als Begleiterin und Autorin, sei ganz herzlich gedankt. Ebenso allen bisherigen Mitgestaltenden, Autorinnen und Autoren.

Als Nachfolger im Amt der Schriftleitung konnte OKR Dr.
Roger Mielke gewonnen werden. Mehrfach kam er in Quatember
schon zu Wort und viele schätzen seine spirituellen Anregungen.
Gewiss wird er Erfahrungen einbringen, die er sowohl als Probe-
meister der Michaelsbruderschaft aus den vielfältigen Begegnun-
gen mit an Berneuchen interessierten Männern gewonnen hat,
als auch durch seine tägliche Arbeit im Kirchenamt der EKD in
Hannover. Die Vernetzung von Erfahrungen und Bündelung von

Einsichten mögen durch ihn einem weiteren Kreis von Frauen und Männern vertraut werden. Wir wünschen ihm viel Freude in der neuen Aufgabe, danken ihm dafür, dass er bereit ist, sich den Herausforderungen von Quatember zu stellen und wünschen dazu Gottes Segen.

Möge seine Arbeit ein Säen sein, das gute und vielfältige Frucht bringt.

Mit herzlichem Dank, freundlichen Grüßen und besten Wünschen Ihnen allen verbunden

Ihr Ernst Hofhansl
Senior der Evangelischen Michaelsbruderschaft

Reformation

von Roger Mielke

Die Reformation mobilisiert! Das gilt zweifelsohne in diesem Jahr 2017. Kirche und Politik, Medien und Tourismus sind sich einig wie selten: Das Reformationsjubiläum ist ein gesellschaftliches Großereignis. Das ist erst einmal sehr gut so. Gut, dass in Zeiten des kulturellen Gedächtnisverlustes und des Traditionsabbruches Bibelübersetzung und Katechismus, Wartburg und Wittenberger Schlosskirche als zutiefst prägende Kräfte deutscher und europäischer Geschichte, ja als Wendemarken von globaler Bedeutsamkeit gewürdigt werden. Freilich: Musealisierung ist allemal auch eine Art, sich geschichtliche Bestände vom Hals zu halten, sie hinter Glas und in Hochglanzbroschüren nur umso wirksamer zu verbergen.

Die Reformation mobilisiert – das heißt auch: Sie polarisiert. Die Zweideutigkeiten werden grell ausgeleuchtet. Die einen feiern 500 Jahre Reformation als Aufbruch in die pluralistische Moderne, als Inititium der Selbstbestimmung des Individuums im »Hier stehe ich und kann nicht anders«, als Entdeckung der Differenz von Politik und »Religion«, die durch gewaltige Umbrüche hindurch letztlich zu Gewaltenteilung, Toleranz und Demokratie führte.

Die Schattenseiten werden mit ausgeleuchtet. Je nach Wertung verweist man auf Luthers Judenhass, auf das Zeitalter der katastrophalen Bürgerkriege oder »Religionskriege« der frühen Neuzeit oder eher auf die Verlustseite der »Unintended Reformation«[1], die zum Verlust der Einheit der Christenheit und zu einer durchgreifenden Säkularisierung und Versachlichung der Welt geführt habe.

Die Reformation mobilisiert auch, indem sie einen Streit der Deutungen auslöst. Das ist kein Wunder, denn jede aktualisierende Deutung vergangenen Geschehens wird vom eigenen Standort des Deutenden ausgehen und jede Deutung wird sich auf durchaus unterschiedliche Aspekte des Vergangenen beziehen können. Wo die einen identitätsstiftende Anknüpfungspunkte sehen, betonen die anderen die historische Differenz und Fremdheit. Je höher die Auflösung der geschichtswissenschaftlichen Instrumente ist, je schärfer die Optik jedes einzelne Ge-

---

1 Brad S. Gregory, The Unintended Reformation. How a Religious Revolution secularized Society, Harvard University Press, Cambridge Ma. 2015.

schen fokussiert und zum mikroskopischen Blick tendiert, desto undeutlicher wird das Gesamtbild.

Dabei bleibt beides wichtig: Das Evangelium, die Mitte reformatorischer Botschaft, will gegenwärtig verkündigt und verantwortet werden. Und: Die eine Reformation und die vielen reformatorischen Auf- und Umbrüche müssen in ihrem jeweiligen geschichtlichen Kontext sorgfältig beschrieben und verstanden werden. Umgekehrt: Flucht in die Historisierung und umstandslose Vergegenwärtigung sind jeweils spiegelbildliche Fehlformen der Erinnerungskultur und der Aneignung.

Wesentlich sind die Standorte, von denen aus Deutungsversuche unternommen werden. Ein Standort ist derjenige geschichtswissenschaftlicher Forschung. Diese Forschung wird nicht hinter ihre methodischen Standards zurückfallen können, von ihr wird man keine Identitätsbeschaffungsmaßnahmen erwarten dürfen. Wenn Reformationsgeschichte im Kontext theologischer Fakultäten betrieben wird, liegt allerdings zumindest die Frage der Enzyklopädie der theologischen Wissenschaft auf dem Tisch: In welchem Sinne versteht sich die Kirchengeschichte als theologische Disziplin und sieht sich der Aufgabe verpflichtet, Pfarrerinnen und Pfarrer für die Verkündigung des Evangeliums auszubilden?

Der andere Standort ist derjenige der kirchenleitenden Personen und Gremien: Soll das Reformationsjubiläum für den Zweck instrumentalisiert werden, den prekär gewordenen Bestand der kirchlichen Organisation zu stützen? Sucht man es deswegen möglichst nahe an politischen Plausibilitäten und am gesellschaftlichen Mainstream zu inszenieren? Gerade hier stellt sich mit besonderer Schärfe die Frage nach dem Horizont, in dem die Reformation gesehen, beschrieben, gedeutet wird: Ist dies der Horizont, der von den gegenwärtigen Interessen formatiert wird – oder ist es der Horizont, den das reformatorisch verstandene Evangelium selbst setzt, der etwa das Selbstverständnis Luthers zutiefst bestimmte? Wir werden mit dieser zugegeben sehr umrisshaften Alternative den Streit der Deutungen nicht verlassen, noch gar entscheiden. Wir können aber erproben, was wir in diesem Horizont erfahren, zu sehen und zu tun vermögen. Ich möchte diesen hier vorgeschlagenen Horizont den soteriologischen Horizont nennen. Er ist auf elementare Weise in Luthers Erklärung des zweiten Artikels des Glaubensbekenntnisses im Kleinen Katechismus aufgerufen: »Ich glaube, dass Jesus Christus ... sei mein Herr, der mich verlorenen und verdammten Menschen erlöset hat, ..., damit ich sein eigen sei und in seinem Reich unter ihm lebe und diene.« Von diesem christologisch-soteriologischen Horizont her wird deutlich, dass Gott sich im menschgewordenen Sohn, im gekreuzigten Jesus finden lässt. Diesem Aus-sich-Herausgehen Gottes entspricht das Von-sich-weggerissen-Werden des Menschen. In den berühmten Sätzen aus dem gro-ßen Galaterkommentar Luthers von 1531 heißt es: »Und das ist der Grund, warum unsere Theologie Gewissheit hat: Sie reißt uns von uns selbst weg und stellt uns außerhalb unser, so dass wir uns nicht auf unsere Kräfte, Gewissen, Sinn, Person, auf unsere Wer-ke stützen, sondern auf das, was außerhalb unser ist, nämlich auf die Verheißung und Wahrheit Gottes, der nicht täuschen kann.«[2]

Sehr deutlich ist, dass die Anknüpfungspunkte, die Aneig-nungsmöglichkeiten, die zu behandelnden Themen und Fragen innerhalb dieses Horizonts andere sind als in einem Horizont, der von organisatorischer Selbsterhaltung der Kirche, von politi-schen Wünschbarkeiten, gesellschaftlichen Plausibilitäten oder Üblichkeiten des Wissenschaftssystems bestimmt wird. Nicht dass kirchenorganisatorische, politische, gesellschaftliche, wis-senschaftsinterne Fragestellungen damit irrelevant wären, aber sie erhalten im christologisch-soteriologischen Kontext eine an-dere Gewichtung und Verortung.

Wir können dies nur für die Frage nach der Kirche kurz an-reißen und müssten es in ebensolcher Weise dann auch für die anderen Fragen und Themen tun. Die Fragen nach der angemes-senen Organisationsgestalt der Kirche, nach ihrem Mitglieder-bestand, ihren Ressourcen, ihrer gesellschaftlichen und politi-schen Position sind höchst bedeutsam. Im christologisch-soteriologischen Horizont wird es aber in erster Linie um die Katholizität der Kirche gehen, um die eine Kirche Jesu Christi, die die aus Wort und Sakrament lebt, die das rettende Evangeli-um von Jesus Christus bezeugt und als Sanctorum Communio zwischen Pfingsten und der Wiederkunft ihres Herrn durch die Zeiten geht. Erst von dieser Ecclesia Universalis aus stellt sich dann, in gleichsam abgeleiteter Weise, die gewiss unabweisbare Frage nach der Gestalt und Verfasstheit der Ecclesiae Particu-lares.

In der Urkunde der Evangelischen Michaelsbruderschaft aus dem Jahr 1931 heißt es: »Wir glauben daran, dass den deutschen Kirchen der Reformation ein Beruf verliehen ist an der Chris-tenheit. Wir glauben daran, dass alle Einzelkirchen Glieder sind der einen Kirche Jesu Christi und ihren Beruf im gegenseitigen Empfangen und Dienen erfüllen.« Welches der »Beruf« der re-formatorischen Kirchen, der »deutschen« gar, und welches ihre

---

[2] Martin Luther, Der Galaterbrief. Vorlesung von 1531, hg. v. Hermann Kleinknecht, Göt-tingen 1980, S. 228 (lat. Text: WA 40 I, S. 589).

Aufgaben im »Empfangen und Dienen« sein können, der ernsthaften Besinnung und selbstkritischen Prüfung in Hinblick auf diese Fragen könnte und sollte das Reformationsjubiläum des Jahres 2017 dienen. Der »Quatember« trägt den anspruchsvollen Untertitel »Vierteljahreshefte für die Erneuerung und Einheit der Kirche«. Die Beiträge dieses Heftes unter dem Titel »Reformation« wollen dieser Erneuerung und Einheit der Kirche auf ihre Weise dienen. Sie können dies, wenn überhaupt, sicher nur als in den Worten Luthers »ärmliche Anfänge und gleichsam Bruchstücke«[3] tun, versuchen aber in all ihrer Vielstimmigkeit – und nicht ohne polemische Untertöne –, Berneuchener Perspektiven auf das Reformationsjubiläum zur Geltung zu bringen.

---

[3] A.a.O., S. 14, WA 40 I, S. 33,7: »nec tamen comprehendisse me experior de tantae altitudinis, latitudinis, profunditatis sapientia (scil. Fides Christi), nisi infirmas et pauperes quasdam primitias et veluti fragmenta«.

Gott über alle Dinge fürchten, lieben und vertrauen

Martin Luthers Leidenschaft für das erste Gebot

von Hartmut Löwe

I. Gibt es eine Mitte in Luthers theologischen Schriften? Die Frage scheint gewagt zu sein bei einem Mann, der kein systematisches Lebenswerk vorgelegt, vielmehr die Vielfalt der biblischen Bücher ausgelegt und auf eine Vielzahl strittiger Fragen, die an ihn herangetragen worden sind, geantwortet hat. Luther wollte die Gewissen unterrichten und für Klarheit im Denken und Handeln sorgen. In diesem Sinne war er ein Gelegenheitsschriftsteller.

Zweifellos gibt sein Verständnis der Rechtfertigung des sündigen Menschen eine wichtige Orientierung. Deutlich wird das an den vielen Predigten, in denen Luther diesen Artikel stantis et cadentis ecclesiae einschärft, obwohl der ihnen zugrunde liegende biblische Text weder begrifflich noch thematisch eine unmittelbare Veranlassung dazu gibt. Dem Geschehen der Rechtfertigung voraus jedoch liegt die Wirklichkeit Gottes, die jeden Menschen angeht, fordernd und zu recht bringend als Gesetz und Evangelium, Anspruch und Gnade. In Luthers Katechismuslied zu den zehn Geboten heißt nach einer einleitenden die zweite Strophe:

> *Dein Gott allein und Herr bin ich;*
> *kein andrer Gott soll irren dich.*
> *Trauen soll nur das Herze dein;*
> *kein eigen Reich sollst du sein.*
> *Kyrieleis.*

In unseren Tagen wirkt diese Konzentration des christlichen Glaubens auf das erste Gebot befremdlich. Ein allgemeines religiöses Interesse ist bei nicht wenigen Zeitgenossen durchaus vorhanden. Aber die Rede von Gott scheint vielen fern und dunkel und schwer. Das Gegenüber der Menschen ist aus dem Blick geraten, unsichtbar geworden.

Ganz anders bei Luther. Für ihn gibt es den Menschen nicht ohne seinen Gott. Freilich, wer Gott ist, der wahre Gott, das steht nicht fraglos fest, das ist strittig. Aber ohne einen Gott oder Abgott ist der Mensch nicht denkbar. Der Gottesglaube versteht sich in diesem Sinne von selbst, ist eine allgemeine anthropologische Gegebenheit.

II. Im Großen Katechismus erklärt Luther das erste Gebot so: »Ein Gott heißt etwas, von dem man alles Gute erhoffen und zu dem man in allen Nöten seine Zuflucht nehmen soll. Einen Gott haben heißt also nichts anderes, als ihm von Herzen vertrauen und glauben […], dass allein das Vertrauen und Glauben des Herzens etwas sowohl zu Gott als zu einem Abgott macht.«

Ein klassischer Gottesbeweis ist das nicht. Luther treibt keine aristotelisch-scholastische Metaphysik. Er findet Gott im Alltag des Menschen, jedes Menschen, und stellt fest: Noch bevor der über das Für und Wider der Existenz Gottes räsoniert, ist er ihm immer schon ausgeliefert. Denn für jeden gibt es Dinge, die ihm lieb und teuer sind, unverzichtbar: Geld und Gut, Mammon, Gesundheit, großes Wissen, Klugheit, Macht, Beliebtheit, Freundschaft, Ehre. »Einen Gott haben heißt etwas haben, worauf das Herz gänzlich vertraut.«

> *»Einen Gott haben heißt etwas haben, worauf das Herz gänzlich vertraut.«*

III. Das tritt schon zutage in der frühen, die Reformation einläutenden »Disputation zur Erläuterung der Kraft des Ablasses«, den 95 Thesen vom 31. Oktober 1517. Sie behandeln die Frage, wer Sünde und Schuld vergeben, was oder wer in den Stand ewiger Seligkeit versetzen kann. Das vermag, so Luthers Überzeugung, anders als die Ablassprediger vorgeben, nicht das Vertrauen auf für Geld erworbene Ablässe, sondern nur das Vertrauen auf den wahren Schatz der Kirche, »das hochheilige Evangelium von der Herrlichkeit und Gnade Gottes« (These 62). Anders gesagt: »Man muss die Christen ermahnen, dass sie Christus, ihrem Haupt, durch Leiden, Tode und Höllen nachzufolgen trachten und so mehr darauf vertrauen, durch viel Trübsal in den Himmel einzugehen, als durch die Sicherheit eines Scheinfriedens« (Thesen 94 und 95).

Der Ablass ist für Luther kein der Theologie gegenüber neutrales Finanzinstitut der Kirche. Der Ablass ist vielmehr ein Exempel für die zentrale Botschaft der Kirche: Ob der Mensch allein und ausschließlich sein Vertrauen auf Gott setzt oder ob er dem Geld vertraut, mit dem er vom Papst und seinen Helfershelfern seine Seligkeit erkauft. Das erste Gebot wird dabei von Jesus Christus her verstanden, seinem Weg durch Leiden, Tod und Hölle hinein in Gottes Himmel.

IV. Von August bis November 1525 wütete in Breslau die Pest. Zwei Jahre später erreichte sie auch Wittenberg (August bis Dezember 1527). Viele flohen und ließen die Kranken allein zurück. In dieser Situation wandten sich evangelische Pfarrer an Luther und baten ihn um Auskunft, »ob man vor dem Sterben fliehen möge.«

Die Antwort ist von einzigartiger theologischer Klarheit und staunenswerter seelsorgerlicher Weisheit. Luther zeigt einen Weg jenseits von Rigorismus und Laxheit. Er postuliert kein Gesetz, das für alle gilt. »Weil es unter den Christen so ist, dass es wenige Starke und viele Schwache gibt, kann man zweifellos nicht allen dasselbe zu tragen aufladen.« Luther trifft eine für ihn charakteristische Unterscheidung. Er unterscheidet zwischen Person und Amt. Wer als Seelsorger oder Prediger mit dem geistlichen Amt betraut ist, muss in Sterbens- und Todesnöten zur Stelle sein. Er muss vor Ort bleiben und darf nicht fliehen. Ebenso müssen die Inhaber weltlicher Ämter, also Bürgermeister und Richter, an ihrem Platz bleiben. Das Wort Christi »Ich bin krank gewesen, und ihr habt mich nicht besucht« (Mt 25,43), bindet die Christen aneinander, »dass keiner den anderen in seinen Nöten verlassen soll, sondern schuldig ist, ihm beizustehen und zu helfen, wie er möchte, dass ihm selber geholfen würde«. Luther selbst ist, als in Wittenberg die Pest wütet, in der Stadt geblieben, hat gepredigt und Vorlesungen gehalten, Kranke besucht, sein normales Leben so gut wie möglich weitergeführt. Viele Freunde, auch der Kurfürst, hatten ihn beschworen, sich in Sicherheit zu bringen. Er hat sich jedoch anders entschieden, ist den gut gemeinten Ratschlägen nicht gefolgt. Luthers Frau Katharina war unterdessen mit dem Hausgesinde im nahen Jena.

Aber Luther weiß auch: »Sterben und Tod zu fliehen und das Leben zu retten, ist natürlich, von Gott eingepflanzt und nicht verboten, wenn es nicht gegen Gott und den Nächsten ist. Ja, es ist geboten, dass jeder seinen Leib und sein Leben bewahre und nicht verwahrlose.« Doch diese Freiheit haben diejenigen nicht, die ihr Amt an die Kranken weist, die ihnen beizustehen haben als Seelsorger, Arzt, Richter, Bürgermeister, also die Amtsträger im Gemeinwesen. Sie alle sind auch bei Sterbensgefahr verpflichtet, an ihrem Platz auszuharren und können sich nicht damit entschuldigen, zu den Schwachen im Glauben zu gehören. Vielmehr sollen sie sich Gott zuwenden und beten: »Herr, in deiner Hand bin ich, du hast mich hier angebunden, dein Wille geschehe. Denn ich bin deine Kreatur, du kannst mich hierin töten und erhalten.« Luther nimmt das erste Gebot in Anspruch für die konkrete Situation des Beters. Wieder nicht allgemein und theoretisch. Von einem allgemeinen Schicksals- und Vorsehungsglauben lesen wir kein Wort. Der Betroffene soll konkret und unmittelbar seine Zuflucht zu Gott nehmen und ihm anheimstellen, was auch immer mit ihm geschehen mag; sein Wille ge-

Luther nimmt das erste Gebot in Anspruch für die konkrete Situation des Beters.

schehe. Luther legt das erste Gebot im Zusammenhang des Evangeliums von Jesus Christus aus: »Hat Christus sein Blut für mich vergossen und sich um meinetwillen in den Tod gegeben, warum sollte ich mich nicht auch um seinetwillen in eine kleine Gefahr begeben und eine ohnmächtige Pest nicht anzusehen wagen? Kannst du schrecken, so kann mein Christus stärken; kannst du töten, so kann Christus Leben geben; hast du Gift im Maul, Christus hat noch viel mehr Arznei.«

Luther weist dann noch auf die allgemeine Erfahrung hin, nach der alle, die den Kranken mit Liebe, Andacht und Ernst dienen, bewahrt werden und nicht zu Schaden kommen. Er vertreibt die natürliche Verzagtheit und macht Lust dazu, Christus in dem kranken Nächsten zu dienen. Die allzu Selbstgewissen aber, die der Pest als Strafe Gottes ihren Lauf lassen und sie nicht hindern wollen, deshalb sogar auch jedwede Arznei ablehnen, bescheidet er mit dem nüchternen Satz: »Gott hat die Arznei geschaffen und die Vernunft gegeben, dem Leib vorzustehen und ihn zu pflegen, dass er gesund sei und lebe.«

V Geht man einzelne Schriften Luthers durch und horcht sie ab auf ihre offen zu Tage liegenden oder verborgenen Argumente, so trifft man immer wieder auf das erste Gebot, das er in konkreten Situationen des Lebens zur Geltung bringt. »Da sehe nun jeder bei sich selbst darauf, dass man dieses Gebot mehr als alle Dinge groß und hoch achte und nicht als einen Scherz behandle. Befrage und erforsche dein eigenes Herz genau, dann wirst du wohl finden, ob es allein an Gott hängt oder nicht.« (Großer Katechismus)

Der Ertrag der Feiern anlässlich des 500. Jubiläums der Reformation ist danach zu bemessen, wie weit die christlichen und säkularen Zeitgenossen neu aufmerken auf das Gebot, Gott über alle Dinge zu fürchten, zu lieben und zu vertrauen.

Zitiert wird der Große Katechismus nach der Ausgabe der VELKD »Unser Glaube – Die Bekenntnisschriften der evangelisch-lutherischen Kirche«, Gütersloher Verlagshaus Gerd Mohn, 3. Auflage, 1991. Die übrigen Schriften nach der im Insel-Verlag 1982 erschienenen deutschen Leseausgabe »Martin Luther, Ausgewählte Schriften«, Band I und II.

Hartmut Löwe (*1935) ist Pfarrer und war zuletzt Bevollmächtigter des Rates der EKD bei der Bundesrepublik Deutschland und Militärbischof. Er lebt in Bonn.

Allein durch Christus

von Florian Herrmann

Hie ist der erste und Heubtartikel:

Das Jhesus Christus, unser Gott und Herr, sey »umb unser Sünde willen gestorben und umb unser Gerechtigkeit willen aufferstanden«, Ro. 4., Und er allein »das Lamb Gottes« ist, »das der welt sunde tregt«, Joh. i., Und Gott unser aller sunde auff in gelegt hat, Isa. 53., Item: Sie sind allzumal Sünder und werden on verdienst gerecht aus seiner Gnade durch die Erlösung Jhesu Christi inn seinem blut etc., Ro.3.

Die weil nu solches mus gegleubet werden und sonst mit keinem Werck, Gesetze noch verdienst mag erlanget oder gefasst werden, So ist es klar und gewis, das allein solcher Glaube uns gerecht mache, Wie Rom. 3. S. Paulus spricht: Wir halten, das der Mensch gerecht werde on werck des Gesetzes durch den glauben, Item: Auff das er alleine Gerecht sey und gerecht mache denen, der da ist des glaubens an Jhesu.

Von diesem Artikel kan man nichts weichen oder nachgeben, Es falle Himel und Erden oder was nicht bleiben will; Denn es ist kein ander Name den Menschen gegeben, da durch wir können selig werden, spricht S. Petrus Act. 4. Und durch seine Wunden sind wir geheilet. Isaie 53.

Und auff diesem Artikel stehet alles, das wir wider den Bapst, Teufel und Welt leren und leben. Darümb müssen wir des gar gewis sein und nicht zweiveln. Sonst ists alles verloren, und behelt Bapst und Teufel und alles wider uns den Sieg und Recht.

Martin Luther, Schmalkaldische Artikel
(BSLK 2014, S. 726.728)

»Denn es ist kein ander Name den Menschen gegeben, da durch wir können selig werden.« Was für ein anstößiger Satz! Frag irgendeine Konfirmandengruppe, irgendeine evangelische Religionsklasse, irgendeinen evangelischen Seniorenkreis in Deutschland, ob das Christentum die einzige wahre Religion sei, ob man an Christus glauben oder zu ihm gehören sollte oder gar muss, um gelingendes Leben oder gar ewiges Leben zu finden – frag ein beliebiges Häufchen Evangelische auf der Straße, was sie von Jesus denken: Man wird sich schnell einig werden, dass er ein netter Kerl war, auch irgendwie beeindruckend, man wird sich verständigen, dass es sich lohnt, seine Lehren zu beachten (auch, wenn man sie nicht so genau kennt). Aber dass es *notwendig* wäre, mit ihm und aus ihm zu leben? Dass einem *wirklich* etwas fehlte, wenn man Christus nicht hätte? Darauf werden sich, wage ich zu behaupten, die wenigsten Evangelischen im Lande gern einlassen. Und auch im Jubiläumsjahr: Alle die Liebhaber von Luther-*Merchandise* und die Planer von Reformationsjubiläumsveranstaltungen, die freuen sich über die Reformation als kulturprägende Kraft und dass sie nicht sind wie die Katholiken – aber *solus Christus*?

»Denn es ist kein ander Name den Menschen gegeben, da durch wir können selig werden.« Allein durch Christus – nichts anderes ist nötig zur Seligkeit, Christus aber unbedingt.

Da wollen wir die dornenreiche Frage einmal beiseite lassen, ob auch für Juden dieser Satz gilt, und wollen es in Gottes Hand legen, welchen Heilsweg er für sein erstberufenes Bundesvolk gedacht hat. Aber die meisten Menschen auf Erden sind ja keine Juden, und für sie könnte man diesen Satz in seiner ganzen unpluralistischen Anstößigkeit im Jubiläumsjahr ruhig einmal in den Raum stellen: Allein durch Christus werdet ihr selig.

Selig? Allein durch Christus werdet ihr gerettet. Allein durch Christus werdet ihr glücklich.

»Denn es ist kein ander Name den Menschen gegeben, da durch wir können selig werden.« Darin steckt nun, ohne Frage, ein großer und erschreckender Anspruch: allein auf den, der selig machen kann, alle Hoffnung zu setzen. Auf den, den man nicht sehen kann oder messen oder im Leib spüren.

Wenn dann manche treue Evangelische sagen, zum Seligwerden genüge es doch, ein anständiger Mensch zu sein und etwa nach den Zehn Geboten zu leben, dann holt dieser Anspruch sie wieder ein: »Du sollst nicht andere Götter haben neben mir.« »Worauff du nu (sage ich) dein hertz hengest und verlessest, das ist eigentlich dein Gott« (Luther, Großer Katechismus, BSLK 2014, 932).

Allein durch Christus: Das ist ein Anspruch, der frei macht. Er macht frei von vergeblicher Hoffnung und macht frei vom Gehorsam gegen falsche Herren (und dass der Mensch, der vor allem als »Verbraucher« angesehen wird, in einen solchen Gehorsam gelockt wird, daran habe ich wenig Zweifel).

Allein durch Christus werdet ihr gerettet. Allein durch Christus werdet ihr glücklich. Das ist ungemein entlastend. Was haben wir nicht für Hoffnung gesetzt auf den konjunkturellen Auf-

> »Denn es ist kein ander Name den Menschen gegeben, da durch wir können selig werden.«

schwung und auf die Schlank-im-Schlaf-Diät, auf die Rückkehr der Religion und auf eine neue Work-Life-Balance. Das alles hat viel für sich, keine Frage. Jedoch: Durch nichts davon werden wir gerettet. Durch nichts davon werden wir glücklich. Wenn der Aufschwung ausbleibt und die Diät scheitert und Life und Work aus der Balance geraten: Gerettet, glücklich, selig werden können wir trotzdem – allein durch Christus! Er ist keiner konjunkturellen Schwankung unterworfen und auch keiner Schwankung des Gemüts.

Allein durch Christus: Bei ihm wollen wir bleiben, ihn hören und seine Freundlichkeit schmecken und sehen. Auf ihn wollen wir alle Hoffnung setzen, wie es Luther im Großen Katechismus (ebd.) schreibt: *Was dir mangelt an gutem, des versihe dich zu mir und suche es bey mir und, wo du unglück und not leidest, kreuch und halte dich zu mir. ICH, Ich will dir gnug geben und aus aller not helffen.*

Dr. Florian Herrmann (*1980) ist Pfarrer in Konradsreuth und Hof (Saale).

Martin Luthers Messe[1]

Ingrid Vogel zum Geburtstag

von Ernst Hofhansl

Im Gedenkjahr 1983, als das Weltluthertum des Geburtstages von Martin Luther vor 500 Jahren gedachte, habe ich beim Lebenskundlichen Unterricht bei den Soldaten gerne einen Film gezeigt, den ich bei der Medienstelle unserer Kirche entliehen habe. Es war ein Lutherfilm in schwarz/weiß. Der Film wurde von amerikanischen Lutheranern[2] finanziert und war 1953 die erste Koproduktion USA-Deutschland. Der Regisseur verpflichtete den 1913 in Dublin geborenen Niall MacGinnis als Hauptdarsteller. Dieser wuchs in England auf, wurde von Jesuiten erzogen, studierte in seiner Geburtsstadt Medizin und wurde in Erlangen zum Doktor der Medizin promoviert. Er starb zu Epiphanias vor 40 Jahren. Eine Szene ist mir deutlich in Erinnerung:

Martin Luther wurde im Erfurter Dom von Weihbischof Johannes Bonemilch von Laasphe (1443–1510) wahrscheinlich am Karsamstag, 3. April 1507 zum Priester geweiht. Danach feierte Martinus im Augustinerkloster seine Primiz. Bei der Kelchelevation – und diese kam ganz groß und deutlich ins Bild – wurde der vor Ergriffenheit zitternde Luther gezeigt. Vor Angst etwas falsch zu machen und von Erschütterung bei der Wandlung ergriffen, hatte er etwas vom Kelchinhalt verschüttet. Darauf standen strenge Strafen.

Ordo Missae und Formula Missae et Communionis[3]

Der von Luther gekannte Messritus war der spätmittelalterliche ORDO MISSAE. Ob er bei seinen Messfeiern das von Bartholomäus Ghotans[4] (gestorben 1492) im Jahr 1480 gedruckte Missale

---

[1] Überarbeiteter Ausschnitt eines Referates bei der Veranstaltung »Freiheit und Verantwortung – LUTHER IM O-TON« am Samstag, 21. Jänner 2017 in Wien-Hetzendorf – Symposion zum 65. Geburtstag von Ingrid Vogel.

[2] »Zum ersten bitte ich, man wollt' meines Namens geschweigen und sich nicht lutherisch, sondern Christen heißen. Was ist Luther? Ist doch die Lehre nicht mein. Nicht also meine Freunde, laßt uns tilgen die parteiischen Namen und Christen heißen, des Lehre wir haben. Ich bin und will keines Meisters sein.« Dieses nicht nachgewiesenem Lutherzitat stellt »INTER NATIONES 1967 (Bad Godesberg)« dem Sammelband »Martin Luther – 450 Jahre Reformation« voran, das mit einem Beitrag von Helmut Gollwitzer eröffnet wird.

[3] Ordnung der (röm.-kath.) lateinischen Messe und Form der Messe und der Kommunion.

[4] Bartolomäus Gothans, 1492 gestorben, gilt als erster Buchdrucker in Magdeburg, wo er 1479 als Kleriker bezeugt ist. Das Missale Praemonstratense erschien 1479 (als Schriftgießer und Mitdrucker fungierte Moritz/Lucas Brandis) und ist das älteste in Deutschland gedruckte Messbuch, wovon 6 Exemplare erhalten sein sollen. Beide druckten auch für Skandinavien liturgische Bücher und Kalender.

Magdeburgense benützt hat, ist fraglich. Dieses Buch bietet zwar auch einen liturgischen Kalender und hat Hinweise und Initialen in roter Farbe, hat aber soweit ich eruieren konnte, keine detaillierten Anweisungen für das Handeln am Altar.

In Germanien hatte seit der Missionsarbeit Bonifatius' (~673–754/755) der römische Ritus Geltung, der in starker Wechselbeziehung mit Nordafrika stand. Aus dieser Bindung heraus wurde das ältere Christentum in Germanien nördlich der Alpen (Iroschottische Mission) stark an Rom gebunden. Die arianischen und großkirchlichen (orthodoxen/katholischen) Kirchentümer südlich der Alpen gingen mit dem Römischen Reich und den arianischen Königtümern unter. Sie wurden mit der bairischen Besiedlung wieder dem nun Heiligen Römischen Reich (Deutscher Nation) zugeführt. In den im Mittelalter zum Reich gehörigen drei Königreichen (Deutschland, Italien und Burgund) gab es immer noch unterschiedliche Liturgiegebräuche und Heiligenkalender, weil die Bischöfe in ihren Diözesen auch das ius liturgicum (Das Recht Liturgisches festzusetzen) ausübten und gerne Sonderformen hüteten.

Die Konventmessen in den Klöstern wurden üblicherweise nach der Pontifikalliturgie der Kathedralen und Dome zelebriert. Diese waren am Handeln der Bischöfe als Hauptzelebranten und dem des übrigen Domklerus orientiert. Die städtischen Pfarrkirchen ahmten die Kathedralliturgie nach. In Domen, Stiften und größeren Pfarrkirchen waren von den vielen Priestern an Seitenaltären gelesene »Stille Messen« üblich. Diese waren aufgrund von Stiftungen (den Messstipendien) verpflichtet[5] gelesen zu werden. Aus Salzburg ist uns eine Notiz erhalten: »… in der Kirche von Salzburg hätten sich früher 100 Gratianpriester (Mess-Stipendiaten) leichter erhalten können, als jetzt ein einziger.[6]« Der niedrige Bildungsstand jener Pfaffen war beklagenswert. So nimmt es nicht wunder, wenn vermögende Bürger in den süddeutschen Städten eigene Stiftungen für Predigtgottesdienste am Sonntagnachmittag einrichteten. Und wie es in den wenigen Dörfern mit Pfarrkirchen aussah, mag man sich gar nicht vorstellen. Im Prinzip galt dort eine schlankere Liturgieform.

Die spätmittelalterlichen Messerklärungen waren der symbolischen oder allegorischen Auslegung verpflichtet. Diese prägte die rituelle Ausgestaltung und zwang die Messdiener zu peinlich genauem Vollzug der Anweisungen, die zur Gültigkeit der Messe und ihrer Intention notwendig waren. Der Text der zu lesenden

---

[5] 1521 gab es im Straßburger Münster 120 Messpfründe.
[6] Berthold von Chiemsee, Tewtsche Theologey, München 1528; nach Jungmann, Missarum I., S. 145.

Messe war durch Rubriken unterbrochen. Diese wurden in der Tridentinischen Messe noch vermehrt. Am Vorabend zum Zweiten Vatikanischen Konzil – so berichtete mir Prof. Johann Trummer (*1940), Graz – wurde bei der Priesterausbildung mehr Wert auf die Kenntnis und Praxis der Rubriken gelegt, als auf das Verständnis des eigentlichen Messtextes.[7]

Mit den jetzt verwendeten Begriffen sind wir im Umfeld dessen, was Martin Luther Jahre später zu einer harschen Kritik an der überlieferten Praxis des Gottesdienstes veranlasste.

Josef Andreas Jungmann[8], (1889-1975) SJ, Professor für Liturgiewissenschaft in Innsbruck, ist ein gewiss unverdächtiger Zeuge, wenn er die Missstände am Vorabend der Reformation[9] beschreibt. Seine Arbeiten haben geholfen, die Liturgiereform des Vaticanum II voranzutreiben. Auch die Arbeiten von Odo Casel (1886–1946), OSB, zur Mysterientheologie[10] und die Reformer benediktinischer Tradition kommen zu ähnlichen Ergebnissen. Im Wiener Umfeld darf die von Pius Parsch (1884–1954; Can.Reg. Klosterneuburg) initiierte Bewegung zu Bibel und Liturgie nicht vergessen werden.[11]

Als Beispiel nenne ich einen Text von Jungmann zum Thema Offertorium[12]:

Unter »5. Die Opfermesse« formuliert Jungmann, nachdem er vom Dialog vor der Präfation (»Lasset uns danksagen dem Herrn unserm Gott«; Sperrung im Original) her für den Ausdruck »Eucharistie« geworben hat, schreibt er: »Besonders gut verständlich ist die Hervorhebung der Danksagung gegenüber dem Opfer für die Zeit, in der der Grundriß unserer Feier entworfen worden ist. In den ersten Jahrhunderten war man sehr zurückhaltend im Gebrauch von Ausdrücken, die in der religiösen Sprache des Hei-

---

[7] So auch Helmut Krätzl in seinen Büchern; zuletzt: Meine Kirche im Licht der Päpste. Von Pius XII. bis Franziskus I. Mit Beiträgen von Hubert Gaisbauer, Karl-Josef Rauber, Alfons Nossol und Ivo Fürer, Innsbruck-Wien 2016.

[8] Josef Andreas Jungmann, Missarum Sollemnia. Eine genetische Erklärung der römischen Messe, Freiburg 1948, 51962; Ich benütze und zitiere aus der zweibändigen dritten Auflage von 1952. – ders., Liturgisches Erbe und pastorale Gegenwart. Studien und Vorträge, Innsbruck-Wien-München 1960. – ders., Der Gottesdienst der Kirche. Auf dem Hintergrund seiner Geschichte kurz erklärt, Innsbruck-Wien-München 1955.

[9] Josef Andreas Jungmann, Der Stand des liturgischen Lebens am Vorabend der Reformation, in: Jungmann, Liturgisches Erbe, S. 87–107.

[10] Viktor Warnach (Hg.), Odo Casel, Das christliche Opfermysterium. Zur Morphologie und Theologie des eucharistischen Hochgebetes, Graz-Wien-Köln 1968. – Hans-Christian Seraphim, Von der Darbringung des Leibes Christi in der Messe. Studien zur Auslegungsgeschichte des römischen Meßkanons [=Diss. Theol. München], München 1970. – Karl Lehmann/Edmund Schlink (Hg.), Das Opfer Jesu Christi und seine Gegenwart in der Kirche. Klärungen zum Opfercharakter des Herrenmahls, [= Dialog der Kirchen 3], Breisgau-Göttingen 1983.

[11] Dazu kurz: Andreas Rettenbacher, Pius Parsch und die Liturgiereform, in: Willkommen im Stift Herbst-Winter 2016/17, S. 12–14.

[12] Jungmann, Gottesdienst, 132f.

dentums ihre besondere Bedeutung hatten. Opfer (gr. thysia) war ein solcher Ausdruck. Man dachte dabei vorzüglich an das massive heidnische Opfer, bei dem man durch eine möglichst große materielle Leistung und durch blutigen Vollzug der Gottheit gefallen, ja sie womöglich zwingen wollte. [...] Das christliche Opfer verlangte vor allem die innere Hingabe, die demütig-dankbare Gesinnung; und auch die äußere Gabe des Christentums war ganz geistig und himmlisch, war ganz Danksagung. Schließlich hatte der Auftrag, den der Herr seinen Jüngern gegeben hatte gelautet: Tut dieses zu meinem Gedächtnis! Die Gläubigen sollten also in der Feier der Geheimnisse des Herrn gedenken, und dessen, was er als Erlöser der Welt, sterbend und auferstehend, für sie getan hat. Der Wohltaten gedenken und dies in Worten auszusprechen heißt aber danken. [...]«

Diese bei dem Jesuiten fast »evangelische Gesinnung« kann uns vertraut sein aus unseren Gesangbuchliedern[13]: Bekannt ist Paul Gerhardts (1607–1676) Morgenlied »Die güldne Sonne« (EG 449), wo die 4. Strophe lautet:

Lasset uns singen,
dem Schöpfer bringen
Güter und Gaben;
was wir nur haben,
alles sei Gotte zum Opfer gesetzt!
Die besten Güter
sind unsre Gemüter;
dankbare Lieder
sind Weihrauch und Widder,
an welchen er sich am meisten ergötzt.

Oder in der Epiphaniaszeit das Lied von Philipp Nicolai (1556–1608) »Wie schön leuchtet der Morgenstern« (EG 70), 4. Strophe:

Von Gott kommt mir ein Freudenschein,
wenn du mich mit den Augen dein
gar freundlich tust anblicken.
Herr Jesu, du mein trautes Gut,
dein Wort, dein Geist, dein Leib und Blut
mich innerlich erquicken.
Nimm mich freundlich
in dein Arme und erbarme dich in Gnaden;
auf dein Wort komm ich geladen.

---

[13] Evangelisches Gesangbuch, Ausgabe Österreich, Wien 1994. Abgekürzt EG Ö.

Zum Abschluss noch – ohne Anspruch auf Vollzähligkeit! – das Lied von Michael Müller (1673–1704) »Auf, Seele, auf und säume nicht« (EG 73), 7. Strophe:

> *Gib dich ihm selbst zum Opfer dar*
> *mit Geiste, Leib und Seel*
> *und singe mit der Engel Schar:*
> *»Hier ist Immanuel,*
> *hier ist Immanuel.«*

Wie Martin Luther nun vom mittelalterlichen *ordo missae*[14] zu seiner Schrift *Formula Missae Et Communionis pro Ecclesia Vuittenbergensi 1523*[15] gekommen ist, will ich kurz aufzeigen. Die zeitgenössische Übersetzung verdanken wir Paul Speratus (1484–1551), der nach seiner Wiener Predigt am 12. Jänner 1522 flüchten musste und im Olmützer Gefängnis das wunderbare Lied »Es ist das Heil uns kommen her« (EG 342) gedichtet hat. Aufgrund der Fürsprache von Wittenberger Freunden kam er frei und in die sächsische Universitätsstadt.

Der ORDO MISSAE, den Luther von Jugend an gekannt, als Mönch eingeübt und als Priester vollzogen hat, war überreich an Opfergebeten, woran auch die tridentinische Reform wenig geändert hat. Die Zweiteilung in Vormesse und (eigentliche) Opfermesse blieb erhalten.

Luthers Kritik seit 1517 ist durch das Wissen der damaligen Zeit begründet und bedingt durch seine ganz persönlichen Erfahrungen als Professor und die ihm zugewachsenen Erkenntnisse als Lehrer der Heiligen Schrift. Zum Thema Gottesdienst, im engeren Sinn über das Heilige Mahl, hat er sich mehrfach geäußert:

Als allererste Messe in deutscher Sprache, von »Opfer-Gebeten« gereinigt, gilt jene von Kaspar Kantz aus Nördlingen aus

---

[14] Missale Romanum ex decreto sacrosancti concilii Tridentini restituti S. Pii V. Pontificis Maximi, editio IX, Ratisbonae et alii MDCCCVIII. – Der Große Sonntagsschott für die Lesejahre A-B-C. Originaltexte der deutschsprachigen Altarausgabe des Messbuchs und des Lektionars ergänzt mit den lateinischen Texten des Missale Romanum. Mit Einführungen herausgegeben von den Benediktinern der Erzabtei Beuron, Freiburg-Basel-Wien 1975.

[15] Nach Wolfgang Herbst, Evangelischer Gottesdienst. Quellen zu seiner Geschichte, Göttingen 1968 21992, S. 16–49. Den lateinischen Text schickte Luther am 4. Dezember 1523 an Nikolaus Hausmann, Pfarrer zu Zwickau. Auf den ungeraden Seiten ist abgedruckt: Paul Speratus, Ein weyse Christlich Mess zu halten 1524 [Luthers Formula Missae ins Deutsche im Auftrag von Luther übersetzt] Originaldruck: Ein weyse Christlich Mess zu halten vnd zum tisch Gottes zu gehen. Martinus Luther. Wyttemberg M.D.xxiiij. – Hans-Christian Drömann, Das Abendmahl nach den Ordnungen Martin Luthers; in: Irmgard Pahl, Coena Domini I. Die Abendmahlsliturgie der Reformationskirchen im 16./17. Jahrhundert, Freiburg (Schweiz) 1983, S. 25–47.

dem Jahr 1522.[16] Diese Vorlage hat auch die frühen Ordnungen von Worms und Straßburg beeinflusst.[17]

Nachdem Martin Luther[18] seinem zuständigen Bischof Albrecht von Brandenburg (1490-1545), zugleich Kurerzbischof von Mainz, Ende Oktober 1517 die in lateinischer Sprache verfassten 95 Thesen gegen den Ablasshandel zugesandt hatte, verbreiteten sich diese auch in deutscher Sprache dank der Druckmöglichkeiten schnell in Europa. Die Konflikte blieben nicht aus, Disputationen, besonders mit dem Ingolstädter Professor Dr. Johann Eck, folgten. Im Jahr 1520 ließ Luther die drei sogenannten reformatorischen Hauptschriften[19] ausgehen, in denen er nicht nur mit Kritik an der römischen Papstkirche sparte, sondern auch konstruktive Vorschläge zur Reform der Kirche an »Haupt und Gliedern« vorstellte. Die Hauptpunkte betrafen – und das zieht sich fast wie ein roter Faden durch die Kirchengeschichte – den Pflichtzölibat der röm.-kath. Priester, die Kommunion »*sub utraque*«, also in beider Gestalt des Sakraments, die Volkssprache im Gottesdienst und die weltliche Macht des Papsttums samt des Missbrauches der geistlichen Vollmacht in Bibelauslegung und die Verhängung des Bannes und die ebensolche Haltung der Reichsbischöfe. Andere Kritikpunkte folgten: Die Messe als ein verdienstvolles Opfer-Werk, das wundersame Früchte bringe und dadurch das '*hapax*, das ein für alle Mal genug getane Opfer, die alleinige Tat Jesu Christi, in Frage stellte, die priesterliche Privatmesse und »Fromme Werke« als Satisfaktion zur Gültigkeit der Bußpraxis und als Angeld zur Erlangung der Seligkeit, was die Rechtfertigung allein aus Gnade durch Jesus Christus verdunkelte. In allem aber ist es Luthers Anliegen, dass das Wort Gottes »im Schwange geht«, also gelesen und gepredigt wird. Die Verkündigung des Evangeliums, der frohen Botschaft hat jeweils Vorrang vor allen anderen Elementen. Davon zeugt auch das immer wieder durchbrechende katechetische Interesse Luthers.

Speziell zur Gottesdienstreform kann man folgende Schriften Luthers zählen:[20]

> *In allem aber ist es Luthers Anliegen, dass das Wort Gottes »im Schwange geht«, also gelesen und gepredigt wird.*

[16] Herbst, a.a.O., S. 9–12.
[17] Genaue und detailreiche Nachweise finden sich bei Hans-Christian Drömann, Wort- und Sakramentsteil des reformatorischen Gottesdienstes in den lutherischen Kirchenordnungen des 16. Jahrhunderts. Eine historische und systematische Untersuchung, Diss. ev.-theol. Göttingen 1962.
[18] Reinhard Messner, Die Messreform Martin Luthers und die Eucharistie der Alten Kirche. Ein Beitrag zu einer systematischen Liturgiewissenschaft, Innsbruck 1989.
[19] An den christlichen Adel deutscher Nation von des christlichen Standes Besserung (August 1520), De captivitate babylonica ecclesiae praeludium (Vorspiel von der babylonischen Gefangenschaft der Kirche, Oktober) und Von der Freiheit eines Christenmenschen (lat. und dt.; November).
[20] Nach Andrea von Dülmen, Luther-Chronik. Daten zu Leben und Werk, dtv Bd. 1280, München 1983.

- 1519 Sermon von dem heiligen Sakrament des Leichnams Christi
- 1520 Ein Sermon von dem Neuen Testament, das ist von der heiligen Messe
  Verklärung [...] etlicher Artikel in seinem Sermon von dem heiligen Sakrament
- 1521 Vom Missbrauch der Messe
  Von beider Gestalt des Sakraments
- 1523 Von Ordnung Gottesdienst in der Gemeinde
  Fomula missae et communionis[21]
  Von Anbeten des Sakraments
- 1525 Vom Greuel der Stillmesse
- 1526 Deutsche Messe und Ordnung des Gottesdienstes
  Sermon von dem Sakrament wider die Schwarmgeister
- 1527 Dass diese Worte Christi »Das ist mein Leib« noch fest stehen
- 1528 Vom Abendmahl Christi. Bekenntnis
  Ein Bericht [...] von beider Gestalt des Sakraments
- 1530 Vermahnung zum Sakrament
- 1532 Der Segen so man nach der Messe spricht
- 1533 Von der Winkelmesse und Pfaffenweihe
- 1543 am 20. Juli schreibt Luther in einem Brief den Zeitraum der sakramentalen Handlung des heiligen Mahles (Leib und Blut Christi) betreffend: »[...] mit dem Beginn des heiligen Vaterunsers (in der Meinung, dass dieses als ›Tischgebet‹ gemäß der Deutschen Messe 1526 vor den verba testamenti gebetet wird) und dass sie daure, bis alle kommuniziert, den Kelch ausgetrunken, die Hostien gegessen haben, das Volk entlassen worden ist und man vom Altar weggegangen ist«. (WA, Luthers Briefe 10)
- 1544 am 5. Oktober in Torgau zur Einweihung der Schlosskapelle: »Predigt auf dieses neue Haus so zum Predigtamt des heiligen Evangeliums verordnet und von aller päpstischer falscher Lehre, Abgötterei und Mißbräuche unbeschmitzet gehalten« (WA 49, 589).[22]

---

[21] Abgekürzt: FMC, WA 12, S. 205–220; siehe auch: Wolfgang Herbst, Quellen S. 11–32; dort auch mit dem Anhang »De Communione Populi« (Von der gemeynen speysung des volcks un Gottes tisch/wy man zum Sacrament gehen/und wie mans geben soll).

[22] Die Schlosskirche in Torgau war keine Pfarr(gemeinde)kirche. In diesem Zusammenhang ist darauf zu verweisen, dass es an der Wende zur Neuzeit für den regelmäßigen Gottesdienst folgende Formen gab:
a) Die Kathedral- oder Domkirchen für die bischöfliche Liturgie, die vom Domkapitel verantwortet wurde.
b) Die Kloster- oder Stiftskirchen, mit ihrer besonderen Chor- und Messliturgie; dabei galt weithin die Scheidung von Klerus- und Laienbrüdern, meist durch den Lettner bestimmt. Die »Predigerkirchen« der Dominikaner hatten auch Lehrfunktionen für

Dabei ist zu beachten, dass Luther zwar geweihter Priester war und reichlich predigte, aber nie ein Gemeindepfarramt inne hatte. Immer wieder bricht der oft wider seine Gegner polternde Professor biblischer Wissenschaften durch, weniger der Systematiker (das war Philipp Melanchthon) oder gar der Gemeindepraktiker (das war Johannes Bugenhagen). Darum bekennt er oft, dass das eben Geschriebene sein Vorschlag sei und wer es besser könne, solle es auch machen![23]

Und nun zum »O-Ton Luthers« im Blick auf die *Formula Missae et communionis pro ecclesia Vuttembergensis 1523:*[24]

1. *Imprimis itaque profitemur, non esse nec fuisse unquam in animo nostro, omnem cultum DEI prorsus abolere, sed eum, qui in usu est, pessimis additamentis viciatum, repurgare, et usum pium monstrare. Nam hoc negare non possumus, Missas et communionem panis et vini, ritum esse a Christo divinitus institutum. Qui sub ipso Christo primum, Deinde sub Apostolis, simplicissime atque piissime, absque ullis addmitamentis, observatus fuit, Sed successu temporum tot humanis inventis auctus, ut paeter nomen ad nostra saecula nihil de missa et communione pervenerit.*[25]

Aufs erste bekennen wir das nicht sei gewesen unseres Gemüts allen äußerlichen Gottesdienst abzutun, sondern den, der bisher im Brauch ist, aber mit viel Zusätzen verderbt, wieder zu reinigen und anzeigen, welches doch der rechte christliche Brauch sei. Den wir ja nicht lösen wollen, es sei die Messe und der Zugang zu Gottes Tisch, als eine Ordnung von Christus eingesetzt. Eine Ordnung, welche auch zu den Zeiten Christi und nachher von

---

das Volk in den Städten. Die Klöster benediktinischer Tradition waren auf dem Lande angesiedelt, die Klöster der Bettelorden am Rand der Städte. Die Schlosskirche in Wittenberg hatte als quasi »Universitätskirche« eine Sonderstellung.

c) Die bürgerlichen Stadtpfarrkirchen, welche oft mit der Domkirche konkurrierte (Lübeck: Dom und Marienkirche).

d) Die Pfarrkirchen in zentralen Orten, die selten genug von den Bewohnern der umliegenden Dörfer eines »Kirchspiels« besucht wurden. Erst Josef II. (1741–1790) wollte in seinen Erblanden, dass kein Untertan mehr als eine Wegstunde zu seiner Pfarrkirche hat!

[23] Frieder Schulz, Luthers liturgische Reformen. Kontinuität und Innovation, ALW 25 1983 S. 249–275.

[24] Ich zitiere nach Otto Clemen, Luthers Werke in Auswahl, 8 Bände, Bonn 1912 ff., der jeweils die Fundorte nach der WA (D. Martin Luthers Werke. Kritische Gesamtausgabe, Weimar 1883 ff.) und EA (M. Luthers, Sämtliche Werke, Erlangen 1826 ff.) an den Seitenrändern angibt. – Hilfreich ist auch: Karin Bornkamm/Gerhard Ebeling (Hg.), Martin Luther ausgewählte Schriften, 6 Bde., Frankfurt/M. 1982. – Zuletzt: zitiert bei Michael Meyer-Blanck, Gottesdienstlehre, Tübingen 2011, (= Neue theologische Grundrisse, hg. v. Christian Albrecht, Ingolf U. Dalferth, Christoph Markschies, Konrad Schmid und Jens Schröter).

[25] Herbst, a.a.O., S. 18.

*den Aposteln auf das einfachste und christlichste, ohne allen Zu-
satz gehalten worden ist. Aber hernach, mit der Zeit so viel Men-
schenfündlein vermehrt, dass nur allein der Name von der Messe und Speisung an Gottes Tisch auf unsere Zeit gekommen ist
– und sonst nichts.*

2. *Verum hoc libro dicere omittimus Missam non esse sacrifi-
cium seu opus bonum, quod alias abunde docuimus- Appre-
hendamus eam ut sacramentum seu testamentum, seu bene-
dictionem latine, Eucharistiam graece, vel mensam domini vel
caenam domini vel memoriam domini vel communionem, vel
quocumque nomine pio placet, modo sacrificii aut operis titulo
non polluatur, et ritum monstremus, quo nobis visum est illa
uti.*[26]

*Doch in diesem Buch wollen wir nicht sagen, ob die Messe ein
Opfer sei oder ein gutes Werk oder nicht. Davon haben wir ge-
nugsam anderswo gelehrt. Die Messe wollen wir für uns nehmen als ein Testament oder Sakrament oder als eine Segnung
[eucharistia], wie sie auf Griechisch heißt, oder wir wollen sie
nennen ›Gottes Tisch‹ oder das Abendmahl des Herrn oder ein
Gedächtnis des Herrn und eine allgemeine Speisung des Volkes
oder sonst, wie es uns gefallen würde mit einem anderen christlichen Namen. Nur dass man sie kein Opfer oder Werk nenne
und diesen hohen Schatz mit solchem Greuel beflecke. Wir wollen auch daneben anzeigen die Weise und Ordnung der Messe,
wie uns sie zu gebrauchen gut dünkt.*

Die Formula Missae hat folgende Ordnung:
I. Introitus (Eingangspsalm)
II. Kyrie und Gloria
III. Gebet – Kollekte (Gebet des Tages)
Epistel und Evangelium gereinigt; nicht von »Werken« soll
die Rede sein, aber vom »Glauben«!
IV. Graduale (Zwischengesang) und Halleluja
V. keine langen Sequenzen sollen gesungen werden
VI. Evangelium
*Sexto sequitur Euangelii lectio. Ubi nec candelas neque
thurificationem prohibemus, Sed nec exigimus, Esto hoc
liberum.*[27]

*Zum Sechsten soll nachfolgend das Evangelium gelesen wer-
den, dabei wir nicht verbieten, dass man nicht Kerzen an-*

---
[26] Herbst, a.a.O., S. 20.
[27] Herbst, a.a.O., S. 24.

zünden oder nicht räuchern mit dem Rauchfass. Wollen es doch nicht mit einem Gebot erzwingen, dass man es tun soll; es soll frei sein.

Wenn es wirklich so frei noch wäre, wäre es interessant zu sehen und zu hören, was in österreichischen Gemeinden passierte, wollte man zum Evangelium inzensieren.

VII. Das Nizänische Glaubensbekenntnis (vom Chor gesungen) und nachfolgend die Predigt: entweder nach dem Glaubensbekenntnis oder schon vor dem Introitus!

VIII. Das Offertorium ist ein Gräuel, ein wilder Text!

Octavo sequitur tota illa abominatio, cui servire coactum est, quicquid in missa praecessit, unde et offertorium vocatur. Et ab hinc omnia fere sonant ac olent oblationem. In quorum medio verba illa vitae et salutatis sic posita sunt, ceu olim arca, domini in templo idolorum iuxta Dagon. Et nullus est ibi Israelita, quod vel accedere vel arcam reducere possit, donec ipsa hostes suos in posteriora percussos opprobrio sempiterno nobilitavit, et sese dimittere compulit, quae est Parabola instantis temporis. Proinde omnibus illis repudiatis, quae oblationem sonant, cum universo Canon, retineamus, quae pura et sancta sunt, ac sic Missam nostram ordinamur:[28]

Zum Achten folgt der ganze Gräuel, dem alles hat dienen müssen, was in der Messe vorgegangen ist, darum es auch Offertorium genannt wird, das ist ein Opfergesang. Von dem an klingt und stinkt alles Opfer, was es ist und sind darunter die heiligsten Worte des Lebens und Heils also wie vor Zeiten die Arche des Herrn (Bundeslade) im Tempel der Abgötter neben dem Götzen Dagon (1. Sam 5,1-12) und hier ist kein rechter Israelit, der hin zu nahen oder die Arche wieder herausführen sich unterstehen möchte, bis sie selbst ihre Feinde geschlagen und mit ewiger Schmach aller Welt offenbar und bekannt gemacht hat, dazu bezwungen sich frei und ledig zu lassen, welches Beispiel unserer Zeit gut dient. Darum weggeworfen alle Worte, die nach Opfer klingen samt dem ganzen Kanon. Wir wollen allein die Worte behalten, so rein und heilig sind und wollen unsere Messe so anfangen:

Dazu bemerkt Luther weiters:

1. Die Gabenbereitung soll während des Chorgesangs des Nizänums oder nach der Predigt geschehen.
2. Dialog und Präfation.

---

[28] Herbst, a.a.O., S. 24.

3. Einsetzungsworte sollen auf dem selben Ton wie das Vater unser gesungen werden.[29]

Luther verändert den üblichen liturgischen Text der lateinischen Einsetzungsworte. Die Tabelle führt das vor Augen:

Vortridentinischer römischer Kanon[30]	Luther, Formula Missae[31]
Qui pridie quam pro nostra omnium salute pateretur, hoc est hodie.	*Qui pridie quam pateretur,*
Accepit panem in sanctas et venerabilis manus suas elevatis oculis in caelum ad te Deum Patrem suum omnipotentem tibi gratias agens benedixit, fregit, dedit discipulis suis dicens: Accipite et manducate ec hoc omnes.	*Accepit panem* *gratias agens fregit, deditque discipulis suis dicens:*
Hoc est enim corpus meum.	*Accipite et comedite* *Hoc est enim corpus meum, quod pro vobis datur*
Simile modo posteaquam cenatum est, accipiens et hunc praeclarum calicem in sanctas et venerabilis manus suas, item tibi gratias agens benedixit, dedit discipulis suis dicens: Accipite et bibte ex eo omnes. Hic est enim calix sanguinis mei, novi et aeterni testamenti, mysterium fidei, qui pro vobis et pro multis effundetur in remissionem peccatorum.	*Simililiter et calicem, postquam caenavit* *Hic calix est, novi testamenti, in sanguine mei, qui pro vobis et pro multis effundetur in remissionem peccatorum.*
Haec quotiescumque feceritis, in mei memoriam facietis.	*Haec quotiescumque feceritis, in mei memoriam facietis.*

Damit ist Martin Luther näher am Text der Einsetzungsworte nach 1 Kor 11,23-25 als am überkommenen Messtext, der nach der Vulgata folgendermaßen lautet:

Quoniam Dominus Iesus in qua nocte tradebatur accepit panem, et gratias agens fregit, et dixit: Accipite, et manducate: hoc est corpus meum, quod pro vobis tradetur: hoc facite in meam commemorationem. Similiter et calicem, postquam coenavit, dicens: Hic calix novum testamentum est in meo sanguine. Hoc facite quotiescum bibetis in meam commemorationem.

---

[29] Rhoda Schuler, Luther, the Lord's Prayer, and Luther's Liturgical Reforms, StLi 46 2016 S. 195–207; zur Formula Missae, S. 198ff.

[30] Hänggi/Pahl, Prex Eucharistica S. 433f.

[31] Herbst, a.a.O., S. 26.

Vom 16.–26. April 1521 war Luther in Worms. Peter Brunner[32] folgert, dass mindestens zwei der evangelisch gesonnenen Priester der Bischofsstadt mit Luther Kontakt aufgenommen haben: Friedrich Baur und Nikolaus Maurus. Diese waren auch im Februar 1523 zu Beratungen in Wittenberg. Zu dieser Zeit feierte Theobald Schwarz in der Johanneskapelle des Straßburger Münsters die Messe auf Deutsch und teilte das Heilige Mahl unter beiderlei Gestalt aus. Hatte Caspar Kantz als Karmeliter eine Konventmesse im Sinn, so geht es in Straßburg, und dann ausdrücklich in Worms, um die Gemeindemesse. Brunner weist eindrücklich auf die Vorlagen der Wormser Ordnung (Kantz, Luther, FMC und Straßburg) hin und ebenso auf die Besonderheit des »gereinigten Canon Missae«, wodurch ein »eucharistisches Hochgebet« aus der Reformationszeit belegt ist.

Die Einsetzungsworte auf Deutsch lauten:

Übersetzung von Paul Speratus 1524[33]	*Wormser Deutsche Messe 1524*[34]
[Laut auff deutsch also] *Welcher den tag zuuor ehe er leyd / nam das brod / und saget danck. Brachs und gabs seynen iungern und sprach.*	*[Jesus Christus]* *Welcher an dem Tag vor dem als er gelitten hat / Nam er das brot saget danck / Segnet + und brach daz brot und gab es seinen Jüngeren / sprechendt.*
Nempt hyn und esset / dis ist meyn leib der fur euch geben wird	*Neme hinn und essent / das ist mein leib der für euch gegeben wirt.* *[Uffhebung des Sacraments]*
Des gleychen auch den kelch / nach dem er zu abend gessen hatte und sprach.	*Des gleichen nach dem abentmal. Nam er den kelch dancket / Segnet + und gab in seinen jüngeren und sprach / Nemet hinn drincket alle darauß / daz ist der kelch des*
Dis ist der kelch des newen testaments ynn meinem blut / das fur euch vergossen wird zur vergebung der sunde. *Als offt yhr das thut / solt yhrs thun zu meyner gedechtnis.*	*newen und ewigen testaments in meinem blut / das für euch und für vil vergossen wirt / zu vergebung der sünden.* *Dises so machesmal ir das thut / so thut das mir zu eyner gedechtniß* *[Uffhebung des kelchs]*

---

[32] Peter Brunner, Die Wormser Deutsche Messe, in: Heinz-Dietrich Wendland (Hg.), Kosmos und Ekklesia (= Festschrift für Wilhelm Stählin zu seinem siebzigsten Geburtstag 24. September 1953), Kassel 1953, S. 106–162.

[33] Herbst, a.a.O., S. 27.

[34] Aus der Beilage zu Peter Brunner, a.a.O.; S. 17f.

In Luthers Bibel-Übersetzung lauten die Worte[35]: »Denn der Herr Jhesus jnn der nacht da er verrhaten ward / nam er das brod / dancket / und brachs / und sprach / NEMET / esset / das ist mein leib / der fur euch gebrochen wird / Solches thut zu meinem gedechtnis. Desselbigen gleichen auch den kelch /nach dem abentmal / und sprach / Dieser kelch ist das newe Testament jnn meinem blut / Solchs thut / so offt jrs trincket / zu meinem gedechtnis.«

Und das klingt schon sehr nach dem vertrauten Wortlaut aus dem Kleinen Katechismus:

»Unser Herr Jesus Christus, in der Nacht, da er verraten ward, nahm er das Brot, dankte und brach's

und gab's seinen Jüngern und sprach: Nehmet hin und esset: Das ist mein Leib, der für euch gegeben wird; solches tut zu meinem Gedächtnis.

Desgleichen nahm er auch den Kelch nach dem Abendmahl, dankte und gab ihnen den und sprach:

Nehmet hin und trinket alle daraus: Dieser Kelch ist das neue Testament in meinem Blut, das für euch vergossen wird zur Vergebung der Sünden; solches tut, sooft ihr's trinket, zu meinem Gedächtnis.«[36]

4. Der Chor singt das Sanctus und unter dem Benedictus sollen Brot und Kelch erhoben werden.

5. Das Vater unser, aber ohne weitere Gebete und Handlungen, dann gleich »Pax domini etc. das ist: Der frid des Herrn sey mit euch / welchs ist ein gemeyne absolucion / und entpindung von sunden / aller, die zu Gottes tisch wöllen gehen / wahrlich und gantz und gar eyn Euangelische stym / die do verkündigt vergebung der sunde. Dis ist die eynige und wyrdigist bereytttung zum Gottes tisch / so man sie fasset mit dem glauben / nicht anders denn als giengen sie aus dem mund Christi selber.«

6. Selbstkommunion des Priesters während des Gesanges von Agnus Dei.

7. Gesang während der Austeilung ist möglich; danach: »Das wyr mit dem Mund entpfangen haben etc. doch das / wo mich und mein stehet/ wyr und uns gesagt werd / und dis gepet also beschlossen / Der du lebest und regierest etc.«[37] Danach: Wechselgruß, *Ite missa est* gesprochen, *Benedicamus* und eventuell ein Halleluja.

---

[35] Biblia das ist / die gantze Heilige Schrifft Deudsch. Mart. Luth. Wittemberg. MDXXXIII (Die Luther-Bibel 1534 / Vollständiger Nachdruck, Köln 2002).

[36] EG = Evangelisches Gesangbuch, Ausgabe Österreich, Wien 1994, Nr. 806.I.

[37] Herbst, a.a.O., S. 29ff.

8. Gewöhnlicher Segen oder besser: Aaronitischer Segen (4. Mose 6,24-26). An Liedern werden vorgeschlagen: Nun bitten wir den heiligen Geist (EG[38] 124) und Gott sei gelobet (EG 214,1).

Die weiteren praktischen Überlegungen Luthers zur Gottesdienstfeier bilden eigene Schwerpunkte, die ebenfalls bedenkenswert sind: Die Vorbereitung zum Abendmahlsempfang, Der Empfang unter beiderlei Gestalt, Von der Ohrenbeichte, etc.

Der Ertrag der Lektüre der Formula Missae kann zusammengefasst werden:

1. Das grundsätzliche Ja Luthers zur abendländischen Grundform der Messe mit den traditionellen Ordinariumsgesängen: Kyrie, Gloria, Credo (selbstverständlich das Nizäno-Konstantinopolitanische!), Sanctus (mit Benedictus und Hosianna) und Agnus Dei.

2. Die Befreiung der Verba Testamenti aus einem Gestrüpp von Offertorialgebeten, die dem Zeugnis des Neuen Testamentes von der Einmaligkeit des Kreuzestodes Jesu auf Golgatha widersprachen.

3. Die Wiedergewinnung der Predigt im Zusammenhang der Evangeliumsverlesung.

4. Die Austeilung des Heiligen Mahles unter beiderlei Gestalt zur Kommunion und nicht zur Anbetung außerhalb des Gemeindegottesdienstes. Keine stillen Messen einzelner Priester ohne Gemeinde.

5. Die musikalische Ausgestaltung durch die Beteiligung von Chor (der meist lateinisch singt) und Gemeinde (singt Lieder auf Deutsch) bei Gesängen. Die Weiterentwicklung zum Gesangbuch 1524 und zur »dörflichen deutschen Messe« 1526 ergab sich von selber.

Heutzutage haben wir uns an Gottesdienste in der jeweiligen Landessprache gewöhnt. Durch die Zeiten hindurch halten (fast) alle Gottesdienstordnungen daran fest, auch aramäisch-hebräische Worte erklingen zu lassen: Amen, Halleluja, Maranatha, Hosianna! Im »Kyrie eleison« ist die Weltsprache zur neutestamentlichen Zeit präsent. Lateinisch wird mit Taizégesängen laut und vielleicht auch noch andere Sprachen. Die Gesangbücher haben mittlerweile auch Texte in Fremdsprachen. In österreichischen evangelischen Gottesdiensten des 16. und frühen 17. Jahrhunderts wurden die Ordinariumstücke der Messe lateinisch vom Chor und Solisten gesungen. In diesem Jahr kommen einige überliefer-

---

[38] EG=Evangelisches Gesangbuch, Ausgabe Österreich, Wien 1994.

te Musiken dankenswerter Weise zur Aufführung. Zum Glück ist nicht alles in der römisch-katholisch bestimmten Gegenreformation[39] vernichtet worden; vielleicht tauchen da oder dort noch verborgene Handschriften auf. Der österreichische Landeskantor Mag. Matthias Krampe bietet seit dem Jahr der Spiritualität[40] (2005) in Österreich jeweils ein »Konzert am 12.« jedes Monat an. Heuer werden Werke von Andreas Rauch[41] (1592-1656) und seinem Schüler Samuel Capricornus (1628-1665) aufgeführt. Darunter sind lateinische Ordinarien der Messe (Kyrie, Gloria, Nicaenum, Sanctus und Agnus Dei), Magnificat (lateinisch) und Vertonungen anderer biblischer Texte. Die Missa Concertata (1651 in Newes Thymiaterium oder ›Rauchfäßlein‹) wird von Singstimmen (Tenor, Bass) vorgetragen und von Instrumenten begleitet (Violine, Gambe, Orgel).

Was wäre noch wünschenswert in heutigen evangelischen Gottesdiensten?

Da wäre zuallererst die abendländische Gestalt der Messe, wie sie als Grundform I des Evangelischen Gottesdienstbuches zu finden ist, sonntäglich zu feiern.

Da wäre zuallererst die abendländische Gestalt der Messe, wie sie als Grundform I des Evangelischen Gottesdienstbuches zu finden ist, sonntäglich zu feiern. Man sollte auf die Bezeichnung »Gottesdienst mit Abendmahl« verzichten. Wenn schon nicht die von Luther in der FMC vorgeschlagenen Bezeichnungen (Messe, Eucharistie, Tisch des Herrn, Herrenmahl, Gedächtnis des Herrn oder Kommunion) verwendet werden, könnte man ganz einfach »Abendmahlsgottesdienst« sagen und schreiben. Damit verbunden ist der Wunsch, eine mitbetbare (d.h. nicht ständig wechselnde) Form des Abendmahlsgebetes zu wählen.[42] Dazu gehört sowohl der Gebrauch der überlieferten als auch die Verwendung der ökumenischen Ordinariumsgesänge.

Häufiger könnte das Glaubensbekenntnis von Nizäa-Konstantinopel gebetet oder die Glaubenslieder im Gesangbuch (183, M. Luther; 184, R. A. Schröder) gesungen werden.

---

[39] Hans Joachim Moser, Die Musik im frühevangelischen Österreich, Kassel 1954.

[40] Dieses »Abenteuer Spiritualität« im Jahr 2005 wurde vom Vorstand von pro ecclesia–FÜR DIESE KIRCHE – evangelisch-kirchlicher Verein in Österreich angeregt, von Bischof Mag. Herwig Sturm prominent gefördert und von Pfarrerin Dr. Ingrid Vogel koordiniert. Viele Gemeinden und Einrichtungen der Kirche haben sich daran beteiligt.

[41] Josef Pausz, Andreas Rauch. Ein evangelischer Musiker – 1592–1656, Wien o.J.

[42] Ein Beispiel: Im Salzburger Perikopenbuch von St. Peter ist ein Bild, das Jesus im Kreise der Jünger beim letzten Mahl zeigt. Jesus reicht Judas den Bissen und auf dem Stücklein Brot ist ein kleines Teufelchen gemalt. Unsere damals vierjährige Tochter Katharina fragt: »Was ist das?« Der Vater ist beschäftigt und brummt: »Schau doch selber.« Erstaunt hört er dann die Worte, die das Kind murmelt: »Das gebrochene Brot, das zerstreut war auf den Bergen und zusammengebracht eins wurde [...].« Diese aus der Didaché stammende Formulierung kannte unser Kind aus dem Abendmahlsgebet der Eucharistischen Feier von Karl Bernhard Ritter (1961), wie sie es sonntäglich in der Evangelischen Michaelskapelle in Eichgraben hören konnte.

Die Austeilung des Heiligen Mahles in stimmiger Form mit geschmackvollem Brot(hostien) und Wein ist ebenso wichtig, wie das wirkliche Essen und Trinken. Der würdige Verzehr der übrig gebliebenen Gaben sollte selbstverständlich sein.

Eine »Liturgische Beliebigkeit« ist ebenso eingerissen, wie eine unerträgliche »Sermonitis«,[43] die den Verlauf des Gottesdienstes stört. Gediegen vorbereitete Predigten, die das Wort Gottes für uns heute erschließen, gehören ebenso zur freudvollen Gestaltung des Gottesdienstes, wie eine geschmückte Kirche und saubere Altäre. Die Diasporasituation mancher Gemeinden ist kein Alibi für lieblos begangene Gottesdienste.

Von Wittenberg und seiner Marienkirche grüßt uns das Altarbild von Lukas Cranach. Es zeigt auf der Predella Luther mit der Herzhand auf der Bibel und mit der anderen der Gemeinde den Gekreuzigten weisend, darüber Szenen, die auf die Taufe, das Heilige Mahl und das Amt der Schlüssel, die Beichte, verweisen. Das ist der Grund der Kirche, die sich zu Sammlung und Sendung, zu Lob und Dank vereint.

*Univ.-Prof. Dr. theol. Ernst Hofhansl (*1945), Pfr. i. R., ist Senior der Evangelischen Michaelsbruderschaft und lehrt an der Kunstuniversität Graz.*

---

[43] Hans-Christoph Schmidt-Lauber, Liturgische Sermonitis, in: Wilfried Engemann (Hg.), Theologie der Predigt. Grundlagen – Modelle – Konsequenzen, (= Arbeiten zur Praktischen Theologie Band 21; Festschrift für Karl-Heinrich Bieritz) Leipzig 2002, S. 259–270.

Die Heinrichs-Agende

Die Agende Herzog Heinrichs des Frommen von 1539 bis 1862

von Dirk Vogel

In Vorbereitung einer Ausstellung zu bibliographen Zeugnissen aus 500 Jahren Reformationsgeschichte der Marktkirche St. Bonifacii in Bad Langensalza beschäftigte ich mich mit der Umsetzung der Evangelischen Messe aus der von Luther entworfenen »Deutschen Messe« in die Praxis. Ich stieß in den Archivbeständen der Kirche auf die Agende Herzog Heinrich des Frommen in einem Druck von 1748. Wie es üblich ist, besieht man sich das Inhaltsverzeichnis und die einführenden Worte. An dieser Stelle merkte ich zunächst freudig auf, denn die Einführung stammte aus dem Jahre 1539 und war von einer Reihe namhafter Reformatoren unterschrieben, beginnend mit Justus Jonas, fortführend mit Georg Spalatin, Caspar Creuziger, Friedrich Myconius, Justus Menius und Johannes Weber. Diese Agende führte mich also offensichtlich bis an die Anfänge der evangelischen Gottesdienstordnungen. Aber zugleich war festzustellen, dass bis auf das Taufbüchlein Luthers aus dem Jahre 1526 und dem Kleinen Katechismus nichts von Luthers neuer Messordnung enthalten war. Auch die Einführung stammte offensichtlich nicht von ihm, noch hat er sie unterschrieben. Wie ist das zu erklären? So erweiterte sich für mich die simple Suche nach Zeugnissen der Reformationsgeschichte zu einer Erforschung der Entstehung der evangelischen Gottesdienstordnungen in Sachsen und Thüringen, verbunden mit der Frage: Welche Rolle hat Luther in diesem Prozess tatsächlich gespielt? War er bei der Einführung einer evangelischen Gottesdienstordnung so maßgebend, wie es überliefert wird, oder waren es andere, denen wir eine nachhaltig in Gebrauch gebliebene evangelische Ordnung zu verdanken haben?

> *Dass die Rolle Luthers bei der Einführung der Reformation unter Umständen überhöht ist, daran lässt neuere Lutherforschung keinen Zweifel.*

Dass die Rolle Luthers bei der Einführung der Reformation unter Umständen überhöht ist, daran lässt neuere Lutherforschung keinen Zweifel. Im Zusammenhang meines liturgiewissenschaftlichen Interesses nahm ich in den vergangenen Jahren an verschiedenen wissenschaftlichen Tagungen bzw. Symposien zur Reformationsgeschichte teil. 2012 fand in Leipzig eine interdisziplinäre Tagung statt, die unter dem Titel: »Alltag und Frömmigkeit am Vorabend der Reformation« strukturelle und inhaltliche Quellen, Ansätze oder auch Vorgaben der Reformatoren und des Reformationsgeschehens aus der Frömmigkeit und den Reformbewegungen des späten Mittelalters aufdeckte. Hierzu gehören nicht nur die Reformorden der Franziskaner und Dominikaner mit ihren Predigten in der jeweiligen Landessprache, sondern auch die Klosterreform von Bursfelde, die ein entsprechendes Visitationssystem entwickelte, und das Verlangen der Menschen nach einer authentischen Glaubenshaltung.[1] Luthers Rolle wurde eingebettet in eine Reformbewegung, die Gesellschaft und Kirche erfasst hatte und die bereits weit vor 1517 ihren Anfang genommen hatte. Zudem wurde anhand vieler Beispiele verdeutlicht, dass der Glaube nicht am Boden lag, sondern eine Erneuerungsbewegung, eine Erweckungsbewegung im vollem Gange war.

Zu dieser Auffassung der Historiker gesellten sich die Theologen. Im September 2014 fand ein Symposium im Erfurter Augustiner-Kloster statt, das vom Johann-Adam-Möhler-Institut in Paderborn in Zusammenarbeit mit der Theologischen Fakultät der Universität Erfurt und dem Augustinerkloster veranstaltet wurde. Die geistlichen und theologischen Wurzeln und Prägungen Luthers unterwarf man einer wissenschaftlichen Analyse, aber auch die Rolle Luthers bei der Ausformung der Reformation selbst.[2] Im Ergebnis wurde man sich einig, dass die Bedeutsamkeit und das Alleinstellungsmerkmal der Theologie und Person Luthers erst in der zweiten Konfessionalisierungswelle, also zur Zeit der beginnenden lutherischen Orthodoxie mit Erarbeitung der Konkordienformel, zunehmend an Geltung gewann.

Neben diesen Feststellungen könnte ein weiterer Grund für das Fehlen von Luthers Unterschrift unter den Einführungsworten sein, dass er der Absicht, verbindliche Kirchenordnungen einzuführen, skeptisch gegenüberstand. Luther wehrte sich heftig gegen das Ansinnen der Visitatoren, die ein »Lutherisches Konzil« zur Vereinheitlichung der Gottesdienstordnung einberufen wollten. So schrieb Luther an Nikolaus Hausmann: »Wenn

---

[1]   Enno Bünz, Hartmut Kühne (Hg.), Alltag und Frömmigkeit am Vorabend der Reformation in Mitteldeutschland, Leipziger Universitätsverlag, Leipzig 2015. Aus dem Vorwort: »Die Reformation war keine Reaktion auf einen angeblichen Verfall der kirchlichen Frömmigkeitspraxis. Dies ist in der Geschichtswissenschaft seit Jahrzehnten bekannt, hat sich aber kaum herumgesprochen. Vor allem in Mitteldeutschland, dem ›Mutterland der Reformation‹, ist das populäre Bild von Kirche und Frömmigkeit um 1500 durch Vorurteile und Unkenntnis geprägt.«

[2]   Luther. Katholizität und Reform. Wurzeln – Wege – Wirkungen, 21.-25. September 2014, Augustinerkloster Erfurt; Aus der Einleitung: »Als Reformkatholik ist Martin Luther in seiner Kirche, der lateinischen Kirche des Westens, bleibend verwurzelt. Geprägt durch die monastische Tradition, die er in seinem Orden kennenlernt, entfaltet Luther seine Theologie in Auseinandersetzung mit der scholastischen Theologie seiner Zeit. In seinem Anliegen, die reformbedürftige Gestalt der Kirche des 16. Jahrhunderts zu erneuern, beschreitet er zugleich neue Wege. Dass sich die Wittenberger Reformbewegung zu einer eigenständigen lutherischen Konfessionskirche entwickelt, ist ein wirkungsgeschichtliches Faktum. Darin liegt aber auch die ökumenische Herausforderung, der sich dieses Luthersymposium stellen will.«

eine Kirche der anderen nicht folgen will aus freier Wahl in der äußerlichen Satzungen, was ist dann von Nöten, dass man sie soll durch Dekrete oder Concile treiben, die doch bald zu Gesetzen und Stricken der Seele geraten werden.«[3] Ähnliche Äußerungen Luthers finden sich auch in der Einführung zur Deutschen Messe. Auf die Gottesdienstordnungen bezogen heißt dies, dass nach Luthers Auffassung die Gottesdienstordnungen eine Angelegenheit der Gemeinde sein sollten. Das hatte aber einen unübersehbaren Wildwuchs an Gottesdienstordnungen zur Folge. Aus dem Coburger Gebiet berichteten die Visitatoren von unterschiedlichen Gottesdienstordnungen in einem jeden Dorf.[4] Die Aufbrüche in den Gemeinden der Reformation brauchten also dringend eine Ordnung, um nicht im Chaos zu enden. Aber das entsprach nicht Luthers Auffassung, so dass er wohl auch kein Interesse hatte, eine zentrale Rolle bei der Einführung einer verbindlichen Kirchenordnung zu spielen. Diese den wirklichen Ereignissen entsprechende Sicht auf die Rolle Luthers bestätigte sich nun bei Einsichtnahme der Agende Herzog Heinrich des Frommen, der sogenannten »Heinrichs-Agende«, aus dem Jahre 1539.

Ich möchte nun weitergehend auf die Entstehung, den Aufbau und die Inhalte der Agende eingehen. Mir liegen die Ausgaben der Agende im Druck von 1748 und von 1772 vor. Beide wurden in Leipzig verlegt. Wie schon geschrieben, verfügen beide über ein und dasselbe Vorwort, das offenbar der Erstausgabe vom 19. September 1539 entnommen ist. Das Deckblatt weist zumindest daraufhin, dass selbst unter August III., Kurfürst von Sachsen und König von Polen, der Erstausgabe nur Ergänzungen in Form von Gebeten zugefügt worden sind.

Dass die Agende den Namen von Herzog Heinrich dem Frommen trägt, lässt die Frage stellen, ob er der Verfasser der Agende sein könnte. Im Prinzip wäre das denkbar, da der Landesfürst in dieser Phase der Reformation durchaus bischöfliche Aufgaben wahrnahm. Bekannt ist zudem, dass dreihundert Jahre nach Einführung der Heinrichs-Agende sich Wilhelm III. von Preußen im Liturgie-Verfassen versuchte. Dass letzteres eine Ausnahme war und blieb und der Name von Herzog Heinrich nicht die Verfasserschaft verkündete, sondern die juristische Zuständigkeit, ließ sich über eine Recherche mit Hilfe von Forschungsergebnissen des Erlanger Juristen und Professors Emil

---

[3] Ebd., »Es scheint, dass Herzog Johann Friedrich als Erster den Gedanken der Visitation anregte […]«. S. 33.
[4] Ebd., »So stellte sich bei der Visitation im Sachsen-Coburgischen 1613/14 heraus, dass hinsichtlich der Ceremonien beinahe in jedem Dorf eine andere Ordnung galt.« Vorwort S. VI.

Sehling feststellen. Emil Sehling arbeitete die Vorgänge zur Einführung der evangelischen Kirchenordnungen in umfassender Weise auf.[5] Dabei betrachtete er die Einführung von Kirchenordnungen im Gesamtzusammenhang von Visitationen und Durchsetzungserlassen. Diese Kirchenordnungen waren umfangreicher und bezogen sich nicht allein auf Gottesdienstordnungen, sondern auch auf Anstellungsverfahren von Pfarrern, Kantoren und Küstern, Ehefragen, die Armenversorgung und das Schulwesen. Es ist nachvollziehbar, dass für die Rechtmäßigkeit und juristische Durchsetzung der Landesfürst mit seinem Namen stand. Eine Mitwirkung des Landesfürsten an der Form oder dem Inhalt des Gottesdienstes lässt sich aber an keiner Stelle der Agende erkennen oder nachweisen.

Die Agende wurde im Rahmen der in größter Eile durchgesetzten Reformation im damaligen Herzogtum Sachsen eingeführt. Dabei nutzte Heinrich die schon reichlich vorliegenden Erfahrungen aus den benachbarten kurfürstlichen Landesteilen, zu denen Wittenberg gehörte. Ein ganzer Stab bewährter Visitatoren stand ihm zur Seite, u. a. Spalatin, Melanchthon, Menius. Diese hatten bislang erfolgreich die reformatorischen Ordnungen im damals ernestinischen Kursachsen eingeführt. Die das Vorwort der Agende unterzeichnende Personengruppe lässt sich also als die identifizieren, die als erste die Visitationen im Auftrag Herzog Heinrichs zur Einführung der Reformation im albertinischen Sachsen unternahmen.[6] Im Zusammenhang dieser Visitationen könnte es zu ersten Entwürfen einer verbindlichen Gottesdienstordnung gekommen sein. Im Vorwort der erneuerten Ausgabe einer Agende für Kursachsen im Jahre 1812 wird als Ursprungsjahr der Heinrichs-Agende nicht 1539, sondern das Jahr 1536 genannt. Diese Zahl ist kein Irrtum, sondern bestätigt Emil Sehling in seinen Recherchen und er nimmt Bezug auf Franz Dibelius, der eine Schrift zur Einführung der Reformation in Sachsen 1888 veröffentlichte. Dieser schreibt, dass Justus Jonas diese Gottesdienstordnung schon 1536 für Heinrich entworfen habe, der zu diesem Zeitpunkt schon Anhänger der evangelischen Lehre war und die evangelische Lehre zumindest in seinen Herrschaftsgebieten einzuführen versuchte.[7] Letztlich wird am 10. Mai 1539 diese Kir-

---

[5] Emil Sehling (Hg.), Die evangelischen Kirchenordnungen des 16. Jh., 1. Abt. Sachsen und Thüringen, 1. Hälfte. Die Ordnungen Luthers. Die ernestinischen und albertinischen Gebiete, O.R. Reisland Verlag, Leipzig 1902.

[6] Emil Sehling, Kirchenordnungen, Abs. Visitationsbezirk Thüringen. Visitatoren: Menius, Myconius u.a. S. 53.; Jonas wird für den Visitationsbezirk Kurkreis genannt, Spalatin für den Visitationsbezirk Meissen und Vogtland.

[7] Ebd., Kap. II Die Kirchenordnung Herzog Heinrichs 1539, S. 88. Einführung der Reformation im Amtsbezirk Wolkenstein / Erzg.

chenordnung von der Visitationskommission an Herzog Heinrich in Leipzig übergeben, dabei wird Justus Jonas als Verfasser genannt.[8] Aber auch Georg von Anhalt, der im Hintergrund agierende Liturgiker in der Gruppe der Reformatoren, benennt einige Jahre später gegenüber Herzog und Kurfürst Moritz anlässlich einer weiteren Überarbeitung der Agende Justus Jonas als Urheber der Heinrichs-Agende.[9] Diese Sachlage lässt den Schluss zu, dass diese Agende eine Justus-Jonas-Agende ist.

Im November 1539 wird die Kirchenordnung für das Herzogtum Sachsen auf dem Landtag in Chemnitz verbindlich beschlossen.

Im November 1539 wird die Kirchenordnung für das Herzogtum Sachsen auf dem Landtag in Chemnitz verbindlich beschlossen. Zu diesem Zeitpunkt lag die Agende in noch nicht vollständiger Weise vor. Bezüglich der liturgischen Gesänge zu den Lesungen wird auf die gewohnte überkommene Messpraxis in den Städten Dresden, Leipzig, Weißenfels und Salza verwiesen. Für die Präfationen werden zudem die bekannten Weisen aus den römischen Missalen verwendet. Eine zweite Auflage 1540 war schon vollständiger und eine dritte Auflage, im Herbst 1540 in Erfurt und Dresden erschienen, konnte dann wirklich als eine vollständige Agende gelten. 1548 wurde sie auch in Wittenberg und Frankfurt/O. gedruckt und angewandt.

Emil Sehling verweist in seinen Ausführungen auf die Wirkungsweite der Agende, denn sie fand Verwendung bei der Einführung der Reformation in Köln 1543, in der Kirchenordnung für Preußen von 1544, ebenso der Mecklenburgs von 1552 und der Pfalz und im Waldecker Gebiet.[10] Spätestens 1547, nach der Schlacht bei Mühlberg mit der Gebietsabtretung der Wittenberger Gebiete an die Albertiner Sachsen dürfte die Agende auch in Wittenberg gegolten haben. 1616 erschien sie in einer neuen Auflage in Wittenberg, unverändert in dieser Zusammenstellung.

Ab 1624 wurde die Agende in jeweils der Zeit angepasster Form und mit Anreicherungen vor allem an Kollekten in Leipzig gedruckt. Ab diesem Zeitpunkt wird Kurfürst August als zusätzlicher Herausgeber benannt, ohne dass die Bezugnahme zu Heinrich aufgegeben wurde. Dass die Agende anschließend unverändert bis 1812 gedruckt und vor allem im Königreich Sachsen angewandt wurde, spricht für die Bedeutsamkeit der Agende in ihrer nachhaltigen Prägung dessen, was evangelisch-lutherischer Gottesdienst ist.

---

[8] Emil Sehling, S. 89 mit Verweis auf das Ratsarchiv Leipzig Consistoralia VI, B. 2.
[9] Ebd., S. 89 aus Zerbster Archiv Vol. V –fik 213 Nr. 21.
[10] Emil Sehling, Kirchenordnungen, S. 90.

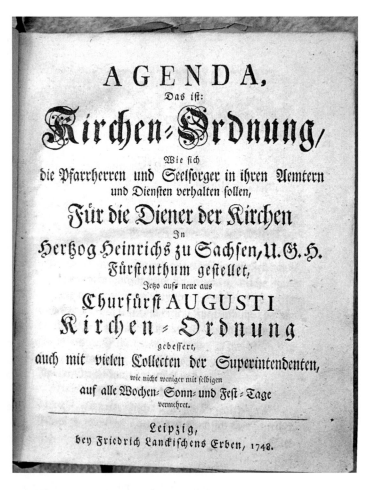

Aufbau und Gliederung der Heinrichs-Agende (Ausgabe von 1748)

Der Einband gibt die Kirche St. Bonifacii vor mit der Jahreszahl 1772, wahrscheinlich das Datum der Indienststellung der Ausgabe.

Titelblatt: »Agenda, das ist Kirchenordnung, wie sich Pfarrherren und Seelsorger in ihren Ämtern und Diensten verhalten sollen. Für die Diener der Kirchen – Herzog Heinrich zu Sachsen [...] Jetzo aufs neue aus Kurfürst Augusti Kirchenordnung gebessert auch mit vielen Collekten der Superintendenten [...] vermehret.«

Vorrede: »[...] damit etliche fromme gottesfürchtige Pfarrherren [...] in diesem Fürsten eine gleichförmige Weise haben möchten [...]«

Die Agende beginnt mit der Taufe und Nottaufe, die in weiten Teilen des Ablaufs aus dem Taufbüchlein Luthers übernommen wurde. In den Anreden und Gebeten sind Abweichungen oder Ergänzungen vorgenommen worden. (Aus Platzgründen nicht ausführlich dargelegt.)

Die Trauung
- Aufforderung des Aufgebotes, Ankündigung der Trauung vor der Gemeinde
- Trauung soll Pfarrer oder »Caplan« vornehmen
- Brautleute gehen vor den Altar
- Ehebekenntnisfragen
- Ringtausch
- Vermahnung/Lesungen aus Gen 1, Paulus […], erneut Gen, aber Kap 2 (Ausweisung aus dem Paradies), dann Gen (Ebenbildlichkeit Gottes) als Trostwort!; es folgen Psalmen oder/und Zitate aus Weisheit Salomos
- Gebet
- Segen

»Die Beichte und Privatcommunion« mit folgenden Untergliederungen: »Wie man mit den Leuten in der Beichte zu handeln. Wie man die Kranken berichten und trösten soll. Wie man die Kranken communizieren soll.«
- Einleitung: »Zur Beichte sollen kommen, die es gern tun.«
- Dialog:
  Vorstellung des Beichtenden: »Ich weiß mich als rechter Christ zu verhalten [...], unterrichte mich!« Pfarrer fragt, ob der Beichtende nach den 10 Geboten lebt. Beichtender antwortet: Nein. Pfarrer vermahnt – Aufzeigen der Sünde, sich nicht an Gottes Gebote gehalten zu haben
- Absolution

Krankenbeichte
- Einleitung in vierfacher Weise: 1. Erbsünde, ihr Zeichen, dass wir Krankheit unterworfen sind, 2. Verweis auf den Trost Christi; Sünde und Krankheit, dass wir Glauben lernen, 3. Verweis auf Paulus, dass wer von Gott gerichtet wird, gezüchtigt wird – Lesung aus Röm 8, Verweis auf die Predigt, Bekenntnis und Auferstehung erfolgt die Zusage der Gnade

Krankenabendmahl
(»Wie man die Kranken communizieren soll.«)
- Voraussetzung/Einleitung: Der Kranke soll zuvor unterrichtet

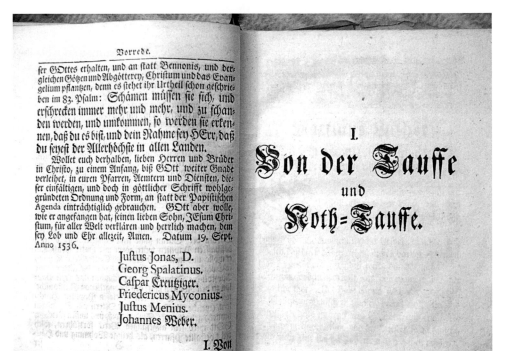

worden sein und die Absolution erhalten haben, Trostpsalm (Psalm 25 oder 130)
- Lesung des Evangeliums (Joh 3)
- Credo [...] man soll dem Kranken den christlichen Glauben vortragen)
- Vaterunser
- Einsetzungsworte
- Psalmgebet mit Worten aus dem 117. Psalm
- Weiteres Gebet/Dankcollecta
- Gebet des 23. Psalms/Variation 100. oder 3. Psalm
- Benedictio/Segen

Kirchenordnung in Städten und Dörfern an Sonn- und Festtagen (Der öffentliche Gottesdienst)
A. Kirchenordnung in Städten mit Schulen/Vorabendmesse (sonnabends und die Tage vor den einfallenden Festen)
Vesperordnung:
- ein oder zwei Psalmen mit Antiphon des Festes oder Dominica durch Schüler gesungen
- Responsorium oder Hymnus
- Lectio NT, Magnificat ebenso mit Antiphon des Festes

- Collecte und
- Benedicamus
- anschließend Beichte, Glaubensunterweisung und Absolution

Sonntagsordnung:
- Mette, bis zu drei Psalmen mit Festtagsantiphon
- Lectio AT
- Benedictus mit Antiphon
- Collecte
- Alle TE DEUM LAUDAMUS

Communio
- Schüler singen nach dem Läuten Introitum von der Dominica
- Kyrie eleison
- Gloria in excelsis und »in terra«, lateinisch
- Collecte, deutsch oder lateinisch
- Epistel (deutsch)
- Sequenz, oder deutscher Psalm oder »anderen geistreichen Gesang«
- Evangelium
- Credo in unum Deum
- Patrem, lateinisch
- Gesang: Wir glauben all …
- Predigt
- Paraphrase zum Vaterunser mit Vermahnung zum Sakrament oder Präfation in lateinisch
- Verba Testamenti deutsch, gesungen
- Gesang der Gemeinde
- Unter der Communion das Agnus Dei (lateinisch)
- Deutscher Gesang oder Psalmgesang (101. Psalm)
- »Unter Gesang communizierendes Volk«
- Collecte
- Benediktion

Weiter ohne konkrete Auflistungen der einzelnen liturgischen Schritte:
- Kirchenordnung in Dörfern, gleichsam mit Vesper und Wochentagsmessen
- Von den besonderen Festen, so man im Jahr feiern soll
- Ordnung und Form des Gesangs, beginnend mit dem Kyrie (Vgl. EG 178.3), dann Gloria in excelsis, Melodie zur Epistel in zwei Ausführungen, Melodie zur Lesung des Evangeliums, nach Predigt entweder »Wir glauben all …« oder ein Patrem oder Präfation in Latein (mehrere Varianten für die Feste des

Kirchenjahres), dann Einschub: Vermahnung bzw. Gebet vor der Communion
- Gesang der Einsetzungsworte, mehrere Varianten
- Melodie zum Vaterunser, Collecte
- Collecten auf alle Tage in den Wochen
- Collecten auf alle Sonntage im Jahr
- Register
- Ordnung zur Verehelichung von Soldaten
- Der Kleine Katechismus Martin Luthers
- Die allgemeinen und gewöhnlichen Kirchengebete mit öffentlicher Beichte (Confiteor), Absolution und Betstunden Gebet
- Eheordnung, öffentlich von den Kanzeln zweimal jährlich zu verkünden

Einige abschließende Betrachtungen

Die Agende folgt einerseits in weiten Teilen nach wie vor der römischen Messordnung, ist aber zugleich deutlich von reformatorischen Ansätzen bestimmt.

Die Agende folgt einerseits in weiten Teilen nach wie vor der römischen Messordnung, ist aber zugleich deutlich von reformatorischen Ansätzen bestimmt. Insgesamt wirkt sie wie eine zögerliche oder noch unentschlossene Neuerung, die auch das gewohnte bisher Übliche wieder vermehrt zuließ, so dass die Paraphrasen nach Predigt und Credo durch lateinische Präfationen ersetzt werden konnten.

Interessant ist das Verhältnis von deutscher und lateinischer Sprache. Ganz Luthers Vorstellungen gemäß wurde Latein als liturgische Sprache nicht abgeschafft. Ob dies aber in Entsprechung der lutherischen Schriften geschah, sei fraglich, denn das 1543 herausgegebene Straßburger Gesangbuch beinhaltet genau für die in Latein vorzutragenden Liturgieelemente deutsche Texte. So bleibt es auch fraglich, ob in der Agende Herzog Heinrichs zur Vesper die Antiphon, der Psalm, das Responsorium, der Hymnus und zur Mette am Sonntag das Te Deum laudamus deutsch oder lateinisch gesungen wurde. Eindeutig ist, dass zur Communio für das Kyrie, Gloria und »in terra« Latein als liturgische Sprache angewiesen ist. Das gilt ebenso für das Credo und das Patrem nach der Predigt und für die Präfation. Was darüber hinaus in Latein gebetet oder gesungen wurde, bleibt offen, da oft die lateinischen Bezeichnungen für die liturgischen Elemente des Gottesdienstes verwendet werden, diese aber nicht in Latein ausgeführt wurden wie Vaterunser und die Verba Testamenti, die ausdrücklich in deutscher Sprache vorzutragen sind.

Ob dies einer liturgietheologischen Systematik folgt, ist nicht erkennbar. Auffallend ist, dass zumindest im katabatischen Teil der Liturgie mehr Latein zur Anwendung kam als in den anderen Liturgieabschnitten.

Die eigentliche Messordnung für den Sonntag, die unter der Überschrift »Messe« als »Communio« bezeichnet wird, nimmt im Gesamtumfang der Agende nur einen verhältnismäßig geringen Platz ein und ist sparsam mit Erklärungen ausgestattet. Es fehlen an für diesen so wesentlichen Abschnitt der Agende die sonst bei Beichte und Taufe vorfindlichen erklärenden Einführungs- und Begleittexte. Die Bezeichnung Gottesdienst sucht man in der Agende vergeblich.

Interessant scheint mir die Verortung des Hallelujas in der Heinrichs-Agende. Dieses ist zwar in bekannter Weise mit einem biblischen Vers verbunden, steht aber unmittelbar im Zusammenhang mit der »Collecte« und kann an einzelnen Sonntagen im Festkreis auch vor dem Gebet stehen. Dass das Halleluja zwischen Epistel und Evangelium seine Anwendung fand, ist nicht zu ersehen. Vielmehr ist nach der Epistel eine Sequenz oder ein deutscher Psalm vorgesehen.

Fürbitten, die als Weiterentwicklung von Interzessionen in unserem heutigen Gottesdienst selbstverständlich sind, finden sich keine, außer im Zusammenhang mit dem Reformationstag, an dem auf Anweisung des Kurfürsten für denselben zu beten ist.

Auffällig ist, dass in dieser Agende einige Amtshandlungen ganz fehlen, so beispielsweise die Konfirmation und die Begräbnisfeier, die aber in der späteren Ausgabe von 1812 enthalten sind. Diese spätere Ausgabe enthält zudem eine Leseordnung. Das lässt erkennen, dass sich gegen Ende des 18. Jahrhunderts liturgische Neuerungen abzeichneten.

Der Beichte und Seelsorge am Kranken wurde offensichtlich eine außerordentlich große Bedeutung zugemessen. Man kann vermuten, dass Seelsorge tatsächlich im Pfarralltag eine der Haupttätigkeiten war. Hierzu ergänzend verweise ich auf gefundene Abkündigungsbüchlein aus dem 18. Jahrhundert, in denen zu lesen ist, dass vier bis acht Begräbnisse pro Woche in jeder Kirche der Kleinstadt stattfanden.

Gleichsam scheint die Eheordnung eine außerordentliche Rolle gespielt zu haben, da sie gleich zweimal in der Agende erscheint, wenn auch für unterschiedliche Personen- und Gesellschaftsgruppen.

Dass die Versammlung der Gemeinde in der Kirche nicht nur Zentrum des kulturellen Lebens war, sondern des Alltags und des Lebens, lässt sich einerseits dem Vorhandensein von Vesper und Werktagsmesse entnehmen. Die Menge der in »Communikantenverzeichnisse(n)« namentlich genannten Personen, die an der sonntäglichen Messe teilnahmen, lässt auf volle Kirchen und langandauernde Gottesdienste schließen.

Der im Laufe der Jahre eingefügte Ergänzungsteil mit den Gebeten für Vespern und Messen nimmt den weitaus größten Teil der Agende ein. Offenbar hat es hierfür einen erheblichen Bedarf gegeben. Zu vermuten ist aber auch, dass nach Einführung der Reformation oder auch schon vor der Reformation das freie Priestergebet praktiziert wurde.

Wann Kirchenlieder von der Gemeinde gesungen wurden, ist der Agende nur bedingt zu entnehmen. Vielmehr ist für den städtischen Gottesdienst das Singen eines Chores oder der Kurrende geregelt und hervorgehoben. Eindeutiger scheint das Singen in der Gottesdienstordnung für die Dörfer zu sein, denn da wird der Gemeinde die Rolle der Kurrende in den Stadtkirchen mit Schulen zugewiesen. Vielleicht hat sich gerade das Singen der Gemeinde, vornehmlich des volkstümlichen Gemeindegesanges viel stärker auf dem Lande entfaltet als in den Städten.

Die Agende beschreibt natürlich nicht, was sich zu den Gottesdiensten und Vespern im Kirchenraum vollzog, wie viele Menschen anwesend waren, welche Atmosphäre herrschte, wie lange ein Gottesdienst dauerte, wer zu Vesper kam und wie die Gemeinde die Kirchenlieder sang. Hierzu müssen nun Augenzeugenberichte gefunden und beigefügt oder weitere Indizien, wie Communikantenverzeichnisse, Abkündigungsbücher und ähnliches ausgewertet werden.

Im Ergebnis lässt sich sagen, dass die Agende Herzog Heinrichs ein wichtiges Zeugnis der Gottesdienst- und liturgischen Feierkultur in den ersten Jahrhunderten ist. Die Kontinuität ihrer Anwendung ist beeindruckend, angesichts der heutigen Frequenz neuerscheinender Gottesdienstordnungen. Sie zur Kenntnis zu nehmen, befreit zudem von einigen fehlgeleiteten Vorstellungen einer vermeintlich evangelischen Praxis, die vor allem durch Entwicklungen im 19. Jahrhundert geprägt wurden. Ich meine, dass in dieser Agende ein erhebliches ökumenisches Potenzial steckt, denn die Messordnung der Katholischen Kirche nach dem II. Vatikanum entspricht durchaus diesem reformatorischen Gottesdienstentwurf.

Welchen theologischen, christologischen wie ekklesiologischen Paradigmen die Kollekten und Präfationen der Agende folgen, bedarf einer gesonderten Betrachtung. Vielleicht wäre dies einmal ein Thema für eine Arbeit im Bereich der systematischen oder praktischen Theologie.

Dirk Vogel M.A. (*1966) ist Pfarrer in Bad Langensalza/Thüringen, von 2008 bis 2012 absolvierte er den Aufbaustudiengang Liturgiewissenschaft in Leipzig und Erfurt.

Wir und die Anderen

Beobachtungen zur Ausbildung reformatorischer Identitäten in der frühen Wittenberger Reformation

von Thomas Hahn-Bruckart

Was lutherische Identität ist, was reformatorische Identitäten seien – diese Fragen stellen sich angesichts des diesjährigen Reformationsjubiläums mit besonderer Aktualität. Freilich handelt es sich dabei um Fragen, die bereits seit dem frühen 16. Jahrhundert virulent sind und in bestimmten Konjunkturen mal mehr, mal weniger weit oben auf der Tagesordnung stehen. Gedenkjahre gehören ohne Zweifel zu den geschichtlichen Momenten, wo ein »mehr« zu verzeichnen ist, sei es in Form affirmativer Selbstvergewisserung, sei es in Form selbstkritischer Reflexion. Versucht man die wissenschaftliche Literatur zur Frage der Entstehung von Identitäten zu überblicken, so steht man vor einer schier unüberschaubaren Fülle ja nach Disziplin unterschiedlicher Zugänge. Eine Spur, die aber fast durchgehend begegnet, ist die, dass kollektive Identitäten relational im Gegenüber zu einem »Anderen« entstehen. »Identität« prägt sich aus, indem »Alterität« konturiert und konstruiert wird. Denkt man an die frühe Reformation, so tritt als ein solches Gegenüber zunächst und vor allem die römische Kirche in den Blick. Aufs Ganze gesehen sollte zumindest Luther aber weitaus intensiver damit beschäftigt sein, seine reformatorische Botschaft nach »innen« – also anderen reformatorischen Gestalten und Bewegungen gegenüber – abzugrenzen und abzusichern. Dieser Spur möchte ich im Folgenden nachgehen, und zwar mit Fokus darauf, wie sich diese Identitätsbildungsprozesse auf sprachlicher Ebene niedergeschlagen haben. Theologische Distinktionen sind das eine, aber dass so etwas wie mentale Muster und Prägungen entstehen, bedarf einer breiteren Umsetzung ins »Leben« – und die geschieht durch die Sprache.

> *Eine Spur, die aber fast durchgehend begegnet, ist die, dass kollektive Identitäten relational im Gegenüber zu einem »Anderen« entstehen.*

»Nos« und »nostri«

1517 war das Jahr, in dem durch die Verbreitung von Luthers 95 Thesen in pointierter Form etwas davon deutlich wurde, was zuvor in der Diskursgemeinschaft der Wittenberger Universität gereift war. Zeugnisse der Zeit zeigen, dass man sich in der reformgesinnten universitären Kollegenschaft als eine Art Gemeinschaft begriff, in der man zu einer »theologia nostra«, einer gemeinsamen Theologie gelangt war, die im Einzelnen durchaus unterschiedliche Akzente tragen konnte, aber doch auf gemeinsamen Grundlagen beruhte. Man sprach voneinander als »Martinus noster«, »Philippus noster«, »Carolostadius noster« – was Anklänge an die akademische Tradition hat (der »magister noster« war ursprünglich ein Ehrentitel für theologische Doktoren), aber spätestens von den Humanisten doch im Sinne bewusster gruppenbildender »Nostrifizierung« gebraucht worden ist. Dass auch von den Wittenbergern diese Possessiva bewusst verwendet worden sind, zeigt sich in der Textüberlieferung: So konnte aus dem »Carolostadius noster« für Andreas Bodenstein von Karlstadt in frühen Texten in späteren ein »non iam noster Carolostadius« werden. Dass man andererseits auch von außen als Gemeinschaft wahrgenommen wurde, äußert sich unter anderem darin, dass Andreas Karlstadt neben Luther in der päpstlichen Bannandrohungsbulle erwähnt wird.

»Non sunt nostri«

Handelte es sich zunächst um eine gemeinsame theologische Auseinandersetzung mit der römischen Kirche, so erwuchsen aus ihr erst nach und nach konkrete Handlungsimpulse, die zu Beginn der 1520er Jahre schließlich äußere Gestalt gewinnen sollten. Luther war nach Verhängung des Bannes von seinem Landesherrn in Schutzhaft auf die Wartburg gebracht worden, konnte auf die Entwicklungen in Wittenberg und an anderen Orten also nur mittelbar Einfluss nehmen. Genau in diese Zeit fallen nun die ersten Distanzierungen, die er im Hinblick auf sich auf ihn berufende Anhänger vornimmt. In Erfurt war es Mitte 1521 zum sogenannten »Erfurter Pfaffensturm« gekommen, in dem vor allem Studenten, die »gut martinisch« sein wollten, die Häuser von Klerikern demolierten. Luther machte deutlich: »non sunt nostri« – das sind nicht die Unseren. Schon in den Jahren zuvor hatte er empfindlich reagiert, wenn Studenten in Wittenberg aus sozialen Gründen mit Bürgern und städtischen Instanzen in Konflikt gerieten, äußere Unruhe entstand oder gar so etwas wie ein »aufrührerisches« Potential zu erkennen war. Das war für ihn ein Werk des Teufels. Es ist interessant zu sehen, dass er – bei aller Abgrenzung von den Erfurter Vorgängen – im Jahr 1521 für die Wittenberger Verhältnisse, wo einige Studenten zumindest Bettelmönche zu vertreiben suchen und die Messen störten, eine gewisse Nachsicht walten ließ. Hier sah er in seiner Kollegenschaft, mit der er sich persönlich verbunden wusste, ein gewisses Korrektiv. Genau das begann aber nun im Winter 1521/22 zu bröckeln.

»Bilderstürmer« und »Propheten«

Es war zunächst der Luther besonders nahestehende Philipp Melanchthon, der Reformen voranzutreiben suchte und unter anderem mit Studenten das Abendmahl unter beiderlei Gestalt feierte. Andreas Karlstadt erscheint zunächst als weitaus zögerlicher. Diese Dynamik beginnt sich nun, im Winter 1521/22, umzukehren. Nachdem sich Karlstadt in seinen Messverpflichtungen nicht mehr vertreten lassen konnte, feierte er an Weihnachten 1521 öffentlich und unter großem Zulauf einen »evangelischen« Abendmahlsgottesdienst in der Stadt. Kurze Zeit drauf findet sich diese Praxis auch in anderen Städten im Umkreis. Zur gleichen Zeit kommen drei Männer nach Wittenberg, die für sich prophetische und apostolische Berufung beanspruchen und Melanchthon zutiefst verunsichern. Er wendet sich an Luther, der die Männer ironisch – ihre Herkunft aufgreifend – als »neue Zwickauer Propheten« bezeichnet. Zwickau wiederum war in den anderthalb Jahren zuvor ein Unruheherd gewesen, da der von Luther dorthin empfohlene Prediger Thomas Müntzer zu gewissen Spannungen in der Stadt geführt hatte, wo dieser als »schwirmiger geist« apostrophiert und auch in Verbindung zu früheren »Ketzereien« in Böhmen gestellt worden war. Das schwingt hier mit. Das Ausgreifen neuer Gottesdienstformen über Wittenberg hinaus führte zu politischen Aktivitäten auf Reichsebene, und dadurch, dass im Januar 1522 vom Wittenberger Rat eine neue Stadtordnung verabschiedet wurde, an der maßgeblich Karlstadt beteiligt war, die darüber hinaus den Punkt der Entfernung von Bildern beinhaltete, bei dem es auch zu ungeordneten Aktionen gekommen war, für die der Begriff des »Bilderstürmens« aufkam, entstand ein Konflikt mit dem Landesherrn, in dem sich die kurfürstlichen Räte mehr und mehr auf Karlstadt einschossen. All diese Entwicklungen führten nun dazu, dass Luther sich genötigt sah, selbst einzuschreiten, sollte die ganze Bewegung aufgrund der äußeren Umstände nicht niedergehen oder aufgrund innerer Unklarheiten die von ihm erkannte Botschaft des Evangeliums verdunkeln.

Argumentatio ad hominem: Karlstadt

Nach seiner Rückkehr stellte nun auch Luther Karlstadt als denjenigen heraus, der ihm – vom Teufel getrieben – in seine Wittenberger Hürde gefallen sei und für Unordnung sorge. Alle anderen Wittenberger Reformer erkannten Luthers Führungsanspruch an. Karlstadt wurde in Wittenberg zusehends isoliert, mit einem Predigtverbot belegt und unter strenge Zensur gestellt. Schließlich wich er nach Orlamünde nahe Jena aus, wo er sein Ideal einer egalitären, von Laien getragenen, an biblischen Vorbildern orientierten Gemeinde zu verwirklichen suchte. Wahrscheinlich strahlte sein Einfluss auf das Saaletal aus, denn im Sommer 1524 unternahm Luther eine Visitationsreise durch das östliche Thüringen, um den Einfluss der von ihm »Abgewichenen« – neben dem pazifistischen Karlstadt den zusehends militanten Thomas Müntzer – zurückzudrängen. Im September 1524 wurde Karlstadt aus Kursachsen ausgewiesen; bereits im August hatte Müntzer die kursächsische Exklave Allstedt, in der er als Pfarrer wirkte, verlassen müssen. Fortan dominierte ein an den fürstlichen Interessen oder den Kompetenzen autonomer Stadträte orientiertes Reformationskonzept, das denjenigen, die alternative Verwirklichungsformen verfolgten, kaum Spielraum ließ.

Verdichtung: die Entstehung der »Schwärmer«

Hatte Luther Karlstadt früher schon als »Bilderstürmer« bezeichnet, den der Satan treibe, so reihte er ihn seit 1524 auch in die Gruppe der »neuen Propheten« ein, eine Vereinnahmung, gegen die sich Karlstadt verwahrte, wobei Luther aber blieb: »Ir steet dennoch bey den newen propheten«. Auf diese Weise stellte er seinen ehemaligen Kollegen und Mitstreiter mit den Zwickauern und ihrem Anspruch auf persönliche Offenbarungen und theologische Eigenmächtigkeit auf eine Stufe. Dieses Ineinanderblenden dessen, was vorher mit den semantischen Feldern von »Bildstürmern« und »Propheten« unterschiedliche Aspekte evozierte, stellt strukturell ein Element dar, das charakteristisch werden sollte für Luthers weiteres Agieren. Die Schrift, in der dieses Ineinanderblenden vor allem deutlich wird, ist Luthers Schrift »Wider die himmlischen Propheten« aus dem Winter 1524/25 – »himmlische Propheten« insofern, als dass die Gemeinten vorgäben, dass »die himmlische Stimme allein zu ihnen spreche«. Namentlich angesprochen wird in der Schrift meistens Karlstadt, das Karlstadt-Bild ist aber maßgeblich geprägt von Erfahrungen mit Müntzer. Ausgiebig begegnet der Prophetenbegriff – hier nun auch in der Zuspitzung »falsche Propheten« –, ein eigenes Kapitel widmet sich dem Bildstürmen. »Schwärmen und Stürmen« seien zu unterbinden, »rottischem, sturmischem und schwermischem geyste« muss widerstanden werden. Es sind »Rottengeister«, die den Pöbel verführen und zum Aufruhr reizen.

Das wirkmächtigste Schlagwort aus diesen frühen Jahren sollte das des »Schwärmers« werden.

Das wirkmächtigste Schlagwort aus diesen frühen Jahren sollte das des »Schwärmers« werden. Metaphorisch greift es wohl auf das Bild der umherschwärmenden Bienen zurück, das bereits in der Alten Kirche für religiöse Ketzer Verwendung gefunden hatte. Unter diesem Begriff verdichtete sich nach und nach all das, was nicht der Lutherschen bzw. lutherischen Richtung der Reformation angehörte. Wie sie von Luther geprägten Schlagworte schließlich in die Wahrnehmungsweisen und den Sprachschatz seiner Anhänger übergangen sind, mag ein Zitat von Johann Aurifaber verdeutlichen, der in der zweiten Hälfte des 16. Jahrhunderts über die bewegten frühen 1520er Jahre schreibt: »Dergleichen Schwärmerei und Bildstürmen wird auch zu Zwickau und Alstädt erregt, aus Verhetzung Thomas Müntzers und Claus Storcken, welche falsche Propheten wollten das Pabstthum mit der Faust stürmen und abthun, und sind solche Schwindelgeister durch Luthers Lehre, Unterricht, Bitte, Vermahnung und Widerlegung ihres Irrthums, nicht wieder zurechte gebracht.« Derartige »dichte« Wahrnehmungsmuster und Einordnungsraster finden sich im Luthertum vielfach, zum Teil bis ins 20. Jahrhundert.

Dynamiken

Versucht man, diese Beobachtungen in ein Gefüge zu bringen, so fallen gewisse Ähnlichkeiten zum Modell diskriminierender Sprechakte der beiden Sozialpsychologen Carl-Friedrich Graumann und Margret Wintermantel auf. Als Historiker greift man für gewöhnlich nur sehr zögerlich auf psychologische Forschungen zurück – an dieser Stelle nutze ich aber die Freiheit eines nicht streng wissenschaftlichen Artikels, auch mit diesem Material assoziativ zu »spielen«. Graumann und Wintermantel unterscheiden fünf »Funktionen« sozialer Diskriminierung: 1. Trennen, 2. Distanzieren, 3. Akzentuieren, 4. Abwerten, 5. Festschreiben. Damit sind Funktionsweisen gemeint, die nicht zwingend in einer zeitlichen Abfolge stehen müssen. Im Falle Wittenbergs lässt sich aber genau eine solche Abfolge beobachten – und ebenso die von Graumann und Wintermantel herausgearbeitete Charakteristik der Elemente. *Getrennt* wird zunächst durch eine gewisse Frequenz pronominaler Äquivalente, die zwischen »Wir« und (mitunter nur implizit) »Sie«, zwischen »Ingroup« und »Outgroup« unterscheiden. Die *Distanzierung* vergrößert den durch das Trennen zunächst nur angedeuteten Abstand, indem sie die »andere« Gruppe explizit macht: in diesem Fall durch das »non sunt nostri«. Das *Akzentuieren* gibt der Distanzierung eine inhaltliche Füllung, indem Unterschiede betont werden. Im Fall Wittenbergs betrifft dies zunächst das Feld äußerer Unruhe und des potenziell »Aufrührerischen«. In der Form des *Abwertens* werden nun abschätzige oder verunglimpfende Worte in den Diskurs eingeführt – in diesem Fall auch auf die Berufung auf individuelle Geistesoffenbarungen zielende oder diese mit sozialer Unruhe verbindende Begriffe wie »Prophet«, »Schwärmer«

oder »Bildstürmer« oder auch der invidualisierende Bezug auf den »Teufel«. Das *Festschreiben* geschieht schließlich durch das Durchsetzen von Stereotypen und Etikettierungen im Diskurs, wie sie sich von nun an in Bezug auf das »Schwärmertum« im Luthertum finden sollte.

Damit sind Funktionsweisen genannt, die Identität im Wechselspiel von Schärfung der eigenen Position und Abgrenzung von einem »Anderen« beschreiben, bei denen das rein Inhaltliche aber nur einen Teil dieser Identitätsbildung ausmacht. Denn deutlich wird, welche Bedeutung griffigen Sprachbildern und der Macht zukommt, diese im Diskurs durchzusetzen. Damit sind Muster angesprochen, die Teil historischer Prozesse sind, aber auch angesichts des aktuellen Jubiläums Relevanz haben. Sowohl im Hinblick auf die römisch-katholische Kirche als auch auf die innerprotestantische Ökumene sind Schritte hin auf eine Aufarbeitung der Verletzungsgeschichte und einer »Heilung der Erinnerungen« gemacht worden. Was in Zukunft bleiben sollte, ist bei Kirchen und den Gemeinschaften in den Kirchen die Sensibilität für und der selbstkritische Umgang mit den unterschiedlichen Ebenen, auf denen sich Identität formt und ausprägt – gerade im Hinblick auf alternative Wege und Gestaltungsformen.

Diese Beobachtungen knüpfen an mein kirchengeschichtliches Habilitationsprojekt an der Universität Mainz an: »Propheten, Schwärmer, Rotten«. Semantiken und Strategien innerreformatorischer Devianzkonstruktion bei Martin Luther und in der frühen Wittenberger Reformation«.

Dr. Thomas Hahn-Bruckart (*1978) ist Wissenschaftlicher Mitarbeiter am Seminar für Kirchen- und Dogmengeschichte (Prof. Breul) der Universität Mainz.

»Gott ist ein glühender Backofen voller Liebe.«

Mystischer Glaube bei Martin Luther (1483–1546)

von Peter Zimmerling

Luthers Stellung zur Mystik ist in der Vergangenheit immer wieder Gegenstand heftiger Kontroversen gewesen.[1] Ich gehe im Folgenden davon aus, dass Luther Anliegen mystischer Theologie und Spiritualität positiv aufgenommen, diese aber im Sinne seiner reformatorischen Erkenntnisse neu interpretiert hat, speziell von der für ihn entscheidenden Rechtfertigungserfahrung her. Im Streit mit den Spiritualisten Thomas Müntzer, Kaspar Schwenckfeld und Sebastian Franck ging es um die richtige reformatorische Verhältnisbestimmung zu mystisch geprägten Glaubenserfahrungen. Dies darf nicht mit einer pauschalen Ablehnung der Mystik verwechselt werden.[2] In dieser mystischen Interpretation von Luthers Theologie und Spiritualität weiß ich mich verbunden mit einer Reihe von heutigen Lutherforschern, vor allem mit Überlegungen von Berndt Hamm und Volker Leppin.[3]

1. Erfahrungsbezogene Theologie und Spiritualität

Luthers Theologie und Spiritualität sind von ihrem Ursprung her erfahrungsbezogen, worin ein wesentlicher Grund für ihre Nähe zur Mystik liegt. In der Heidelberger Disputation stellt Luther fest, dass nur ein *theologus crucis*, ein Theologe des Kreuzes, eine *theologia crucis*, eine Theologie des Kreuzes, betreiben kann, d.h. »dass nur der Vollzug theologischer Existenz auch Theologie im

---

[1] Vgl. dazu z.B. Adolf von Harnack, Lehrbuch der Dogmengeschichte, Bd. 3, Freiburg u.a. 31894, S. 392; dagegen z.B. Winfried Zeller, Luthertum und Mystik, in: Horst Reller/ Manfred Seitz (Hg.), Herausforderung: Religiöse Erfahrung; vom Verhältnis evangelischer Frömmigkeit zu Meditation und Mystik, Göttingen 1980, S. 98–105; Reinhard Schwarz, Mystischer Glaube. Die Brautmystik Martin Luthers, in: Wolfgang Böhme (Hg.), Zu dir hin. Über mystische Lebenserfahrung. Von Meister Eckhart bis Paul Celan, Frankfurt a.M. 1990, S. 125–140.

[2] So übereinstimmend neben Winfried Zeller auch Reinhard Schwarz, Martin Luther (1483–1546), in: Gerhard Ruhbach/Josef Sudbrack (Hg.), Große Mystiker. Leben und Wirken, München 1984, S. 185–202; Karl Dienst, »So lass mich doch dein Kripplein sein.« Mystik als eine Form protestantischer Frömmigkeit, in: Zeitwende 72, 2001, S. 211–227; Gerhard Wehr (Hg.), Martin Luther – der Mystiker. Ausgewählte Texte, München 1999.

[3] Berndt Hamm/Volker Leppin (Hg.), Gottes Nähe unmittelbar erfahren. Mystik im Mittelalter und bei Martin Luther. Gottfried Seebaß zum 70. Geburtstag, Tübingen 2007.

eigentlichen Sinn des Wortes ermöglicht.«[4] Wissenschaftlich-theologische Denkbemühung und Frömmigkeitspraxis sind bei ihm untrennbar miteinander verknüpft. Luther erweist sich damit als Vertreter der monastischen Theologie.[5]

Zwar geht Luther davon aus, dass der Mensch durch den Heiligen Geist keine neue sittliche Qualität verliehen bekommt. Das Gute, das im Leben eines Christen wirklich wird, entspringt nicht einer Qualität des Menschen. Gleichzeitig hält Luther jedoch fest, dass der Rechtfertigungsglaube dem Menschen zur gelebten Erfahrung wird: »Es ist ein gar groß, stark, mächtig und tätig Ding um Gottes Gnade. Die liegt nicht, wie die Traumprediger fabulieren, in der Seele und schläft oder lässt sich tragen, wie ein gemaltes Brett seine Farbe trägt. Nein, nicht so, sie trägt, sie führt, sie treibt, sie zieht, sie wandelt, sie wirkt alles im Menschen und lässt sich wohl fühlen und erfahren; sie ist verborgen, aber ihre Werke sind offenbar, Werk und Wort zeigen, wo sie ist.«[6] Die Auswirkungen der Gnade Gottes lassen sich »fühlen und erfahren«. Der Rechtfertigungsglaube wird auf diese Weise zu einer höchst dynamischen Angelegenheit.

Die Auswirkungen der Gnade Gottes lassen sich »fühlen und erfahren«.

Der Reformator ist sich der Gefahren bewusst, die einer erfahrungsorientierten Spiritualität drohen. Einerseits kommt es leicht zu einer *Überbetonung* der Rolle von Erfahrungen für den Glauben, andererseits droht eine falsche *Interpretation* geistlicher Erfahrungen. Luthers Erfahrungsbegriff schließt Anfechtungen ein und vermag dadurch, triumphalistische Fehlentwicklungen des Glaubens genauso wie die Überbetonung spektakulärer geistlicher Erfahrungen zu korrigieren. Der Reformator ist überzeugt, dass die Anfechtung der Ort ist, an dem Gott dem Menschen vor allem begegnet.[7] Indem die tentatio (lat.: Versuchung) als Höhepunkt der Gotteserfahrung interpretiert wird, erfolgt eine revolutionäre Rückbindung der Spiritualität an den Alltag. Auf diese Weise bekommt Luthers Spiritualität ein Gefälle zum Alltag hin, sie wird alltagsverträglich.

Dass die Anfechtung primärer Ort der Gotteserfahrung ist, hat für Luther theologische Gründe. Gott offenbart sich dem Menschen in diesem Äon sub specie contrario,[8] unter seinem Gegen-

---

[4] So Gerhard Ruhbach, Theologie und Spiritualität. Beiträge zur Gestaltwerdung des christlichen Glaubens, Göttingen 1987, S. 22.

[5] Jean Leclercq, Pierre le Vénérable, Saint-Wandrille 1946, S. 366; dazu Ulrich Köpf, Monastische und scholastische Theologie, in: Dieter R. Bauer/Gotthard Fuchs (Hg.), Bernhard von Clairvaux und der Beginn der Moderne, Innsbruck/Wien 1996, S. 96–135.

[6] Martin Luther, Weimarer Ausgabe (WA), 10, I, 1, 114, 20 modernisiert.

[7] WA 50, 658, 13–660, 16; das Zit. WA 50, 658, 29f (Vorrede zu Bd. 1 der Wittenberger Ausgabe von 1539).

[8] Belege bei Paul Althaus, Die Theologie Martin Luthers, Gütersloh 1962, S. 58–65; vgl. auch S. 34–42.

teil, was an der Offenbarung von Gottes Gnade in Jesus Christus erkennbar wird. »Diese Gaben und Wohltaten Gottes sind unter dem Kreuz verborgen, dass sie die Gottlosen weder sehen noch erkennen können, sondern halten sie nur für Unglück und Plagen.«[9] Auf diese Weise gelingt es Luther, die gesamte Erfahrungswirklichkeit des Menschen für die Spiritualität zu integrieren: »Siehe, er steht hinter der Wand und sieht durch die Fenster. Das ist so viel wie: Unter den Leiden, die uns gleich von ihm scheiden wie eine Wand, ja eine Mauer, steht er verborgen und sieht doch auf mich und lässt mich nicht. Denn er steht und ist bereit zu helfen in Gnaden und durch die Fenster des dunklen Glaubens lässt er sich sehen.«[10] Der seelsorgerliche Gewinn für den Glauben ist enorm: Jeder Christ kann in der Gewissheit leben, es immer und überall mit Gott zu tun zu haben – was auch immer ihm widerfährt.

2. Demokratisierung der Mystik

Durch die reformatorische Theologie und Spiritualität Martin Luthers kommt es zu einer Demokratisierung der Mystik. Das betrifft etwa das Gottesverständnis und die Interpretation der contemplatio als Ziel des mystischen Weges zu Gott. Über ein Jahrtausend lang wurde die Christenheit vom Bild des fernen, zornigen Gottes beherrscht, eines Rächer-Gottes, vor dem man sich in Acht nehmen musste. Im Mittelalter wurden die Heiligen deshalb zum Schutzschild zwischen den Gläubigen und Gott. Erst die Mystik entdeckte das neutestamentliche Gottesbild vom nahen und liebenden Gott wieder. Durch Luthers Rechtfertigungslehre erfolgt eine Demokratisierung des mystischen Gottesverständnisses. Weil im Zentrum von Luthers Glaube der in Jesus Christus offenbar gewordene liebende Gott steht, kann er bekennen: »Gott ist ein glühender Backofen voller Liebe.«[11] Grunddatum von Luthers Spiritualität ist die Geburt des Sohnes Gottes als Kind in der Krippe von Bethlehem, die an Weihnachten gefeiert wird. Martin Luther kann deshalb als der erste neuzeitliche »Weihnachts-Christ« bezeichnet werden. Im Kind in der Krippe ist Gott dem Menschen unüberbietbar nahegekommen. Hier ist Gott anfassbar und seine Liebe zur Menschheit sichtbar geworden. Das Jesuskind ist für Luther der klarste Spiegel der väterlichen Liebe Gottes: »Unter allen Geboten [Gottes ist das] höchste, dass man seinen lieben Sohn, unsern [Herrn Jesus Christus soll vor] sich stellen, der soll unseres Herzens [täglicher

Im Kind in der Krippe ist Gott dem Menschen unüberbietbar nahegekommen.

---

9 WA 31 I, 51, 21–24, modernisiert.
10 WA 6, 208 (Von den guten Werken, 1520).
11 WA 10, III, 56, 2f.

und wichtigster Spiegel] sein, darin wir sehen, wie lieb uns [Gott hat und wie er so hoch als] ein frommer Gott für uns gesorgt hat, dass er auch [seinen lieben Sohn für] uns hingegeben hat.«[12] Die Freude über die in Jesus Christus erschienene Liebe Gottes wirft einen Glanz der Dankbarkeit über die Spiritualität, alles Ängstliche verschwindet. Dadurch kommt gegenüber dem Mittelalter eine ganz neue Wärme in das Verhältnis des Menschen zu Gott hinein.

Ein zweites Beispiel für die Demokratisierung der Mystik ist Luthers Interpretation der contemplatio. Sie verschwindet bei Luther nicht – so ein weit verbreitetes Missverständnis –, bekommt aber einen anderen Stellenwert und damit auch eine andere Funktion. Das wird an Aussagen in Luthers Schrift »Wie man beten soll, für Meister Peter den Barbier« von 1535 deutlich.[13] Luther macht darin deutlich, dass das Gebet neben der expressiven Seite auch ein rezeptives Moment beinhaltet. Dieses rezeptive Moment ist für ihn sogar das eigentliche Ziel des Gebets. Er steht damit in einer Reihe mit anderen Lehrern des Gebets aus der Geschichte des Christentums. Viele Mystiker und Mystikerinnen bezeichnen die rezeptive Seite des Gebetes als kontemplatives Gebet. Die entscheidenden Überlegungen Luthers hierzu finden sich in der Schrift für Meister Peter im Anschluss an die Auslegung des Vaterunsers. Aus dem Vorwort geht hervor, dass der Barbier seinen berühmten Kunden gebeten hat, ihm eine Anleitung zum Gebet zu geben. Luther empfiehlt ihm in dem Büchlein, mit einem vorformulierten Gebet wie dem Vaterunser zu beginnen. Dieses soll er so lange meditieren, bis der Umschlag vom expressiven zum rezeptiven Gebet erfolgt. Das vorformulierte Gebet wirkt dabei wie ein Feuerzeug als Anzünder. »Es kommt wohl oft vor, dass ich mich in einem Stück oder Bitte [des Vaterunsers] in so reiche Gedanken verliere, dass ich alle anderen sechs anstehen lasse. Und wenn auch solche reichen, guten Gedanken kommen, so soll man die anderen Gebete fahren lassen und solchen Gedanken Raum geben und mit Stille zuhören und sie beileibe nicht hindern; denn da predigt der Heilige Geist selbst, und ein Wort seiner Predigt ist besser als tausend unserer Gebete. Und ich habe auch so oft mehr gelernt in einem Gebet, als ich aus viel Lesen und Nachsinnen hätte kriegen können.«[14] Die Gebetsbewegung, die Luther vorschwebt, führt somit über das vorformulierte Gebet, das seinerseits als Feuerzeug für das

---

[12] WA Briefe 6, 87, 41–45, modernisiert.

[13] WA, 38, 358–375, wieder abgedruckt in: Martin Luther, Wie man beten soll. Für Meister Peter den Barbier, hg. von Ulrich Köpf/Peter Zimmerling, Göttingen 2011.

[14] Zit. nach Luther, Wie man beten soll, S. 46.

freie Gebet fungiert, hin zum Hören auf Gottes Reden im Herzen. Es geht um eine Erfahrung, die für das Gebet existenziell ist und die deshalb prinzipiell auch jeder Beter machen kann. Voraussetzung dafür ist, dass neben dem Verstand das Herz des Betenden angeregt wird. Die mit dem Gebet verbundene Geistererfahrung ist ein Erleben, das die Affekte des Beters mit einschließt.

An dieser Stelle zeigt sich einmal mehr, dass Luther Einsichten mystischen Christseins demokratisiert hat. So wie er die mystische Entdeckung des liebenden und nahen Gottes in seiner rechtfertigungstheologischen Erkenntnis der voraussetzungslosen Annahme des Menschen durch Gott für alle Christen fruchtbar gemacht hat, wird hier die Gebetserfahrung der Mystikerinnen und Mystiker auf alle Christen hin geöffnet.

3. Von der Brautmystik geprägte Spiritualität

Schon aufgrund seiner Hochschätzung Bernhard von Clairvaux' liegt es nahe, dass Luther in seinen Aussagen zum Verhältnis zwischen Gott und Mensch sich einer von der Brautmystik geprägten Sprache bediente. Die Frage ist, ob Luther so wie Bernhard das Verhältnis von Christus und der Gemeinde individualisiert hat. Schon von seinem Verständnis der Kirche als Gemeinde bzw. als Gemeinschaft einzelner Christen her legt sich eine solche Vermutung nahe. Tatsächlich existieren viele Aussagen, nach denen Christus die Gemeinschaft mit dem einzelnen Christen wie ein Bräutigam mit seiner Braut sucht. Entscheidend ist für Luther die Unmittelbarkeit des Verhältnisses zwischen Christus und den Gläubigen. Diese Unmittelbarkeit kann nicht durch Repräsentationsfiguren ersetzt werden: etwa durch den Bischof als Vertreter Christi oder Maria als Stellvertreterin der Kirche. »Also sollen wir hier wissen, daß Christus unser lieber freundlicher Gespons [Bräutigam] ist, und wir sind die Braut; da ist kein Mittel vonnöten, sondern wir sollen selbst mit solcher ganzer Zuversicht zu ihm treten, wie je eine geliebte Braut zu ihrem holdseligen freundlichen ehelichen Gemahl immer getreten ist; denn der christliche Glaube bringt zuwege, daß Christus ist der Bräutigam, ich bin die Gespons [Braut].«[15] Das Verhältnis zwischen Christus und dem Gläubigen zeichnet sich neben der Unmittelbarkeit durch ein inniges Vertrauen aus, wie es zwischen Braut und Bräutigam besteht, das im Glauben zum Ausdruck kommt.

Drei Dinge sind nach Luther für das brautmystisch geprägte Verhältnis zwischen Christus und dem Gläubigen konstitutiv: Es

Entscheidend ist für Luther die Unmittelbarkeit des Verhältnisses zwischen Christus und den Gläubigen.

---

[15] WA 10, 3, 357, 28ff (Predigt über Mt 25,1ff), zit. nach Schwarz, Mystischer Glaube, 131 (die modernisierte Schreibweise von dort).

handelt sich um eine Verbindung von Ungleichen; Christus gibt dem Gläubigen in diesem Verhältnis an seinen Gütern Anteil; es kommt darüber hinaus sogar zum »fröhlichen Wechsel«, zum Austausch der von beiden Partnern in die Beziehung eingebrachten Güter. Alle drei Aspekte bringt Luther besonders eindrucksvoll in seiner reformatorischen Hauptschrift »Von der Freiheit eines Christenmenschen« zum Ausdruck. Er formuliert darin seine rechtfertigungstheologischen Entdeckungen in der Sprache der mittelalterlichen Brautmystik: »Hier erhebt sich nun der fröhliche Wechsel und Streit. Dieweil Christus ist Gott und Mensch, welcher noch nie gesündigt hat, und seine Frommheit unüberwindlich, ewig und allmächtig ist, so er denn der gläubigen Seele Sünde durch ihren Brautring, das ist der Glaube, sich selbst zu Eigen macht und nicht anders tut, als hätte er sie getan, so müssen die Sünden in ihm verschlungen und ersäuft werden [...] Also wird die Seele von allen ihren Sünden nur [...] des Glaubens halber, ledig und frei und begabt mit der ewigen Gerechtigkeit ihres Bräutigams Christi. Ist nun das nicht eine fröhliche Wirtschaft, da der reiche, edle, fromme Bräutigam Christus das arme, verachtete, böse Hürlein zur Ehe nimmt und sie entledigt von allem Übel, zieret mit allen Gütern?«[16]

Den seligen Tausch zwischen Christus und dem Christen hat Luther an vielen Stellen in seinen Werken beschrieben. »Darum, mein lieber Bruder, lerne Christum und zwar den Gekreuzigten. Ihm lerne lobsingen und an dir selbst verzweifeln. Dann sprich zu ihm: Du, o Herr Jesu, bist meine Gerechtigkeit, ich aber bin deine Sünde; du hast, was mein ist, angenommen, und mir gegeben, was dein ist. Was du nicht warst, nahmst du an und gabst mir, was ich nicht war.«[17] Immer wird die auch für mystische Frömmigkeit zentrale Einheit zwischen Christus und dem Christen durch den *Glauben* bewirkt. Ziel des Glaubens ist das Einssein des Glaubenden mit Christus: »Der Glaube macht aus dir und Christus gleichsam eine Person, so daß du von Christus nicht geschieden werden magst, vielmehr ihm anhangest.«[18]

Ein hervorragendes Mittel zur Verwirklichung und Stärkung der mystisch geprägten Gemeinschaft des Gläubigen mit Christus stellt neben dem gepredigten Wort in der Predigt und dem

---

[16] WA 27, 25f (Von der Freiheit eines Christenmenschen, 1520), zit. nach Martin Luther, Ausgewählte Werke, Bd. 2: Schriften des Jahres 1520, hg. von H.H. Borcherdt/Georg Merz, München 31983, 274.

[17] WA, Br 1, 35, 24–27. Im Original Lateinisch: »Igitur, mi dulcis Frater, disce Christum et hunc crucifixum, disce ei cantare et de te ipso desperans dicere ei: tu, Domine Ihesu, es iustitia mea, ego autem sum peccatum tuum; tu assumpsisti meum, et dedisti mihi tuum; assumpsisti quod non eras, et dedisti mihi, quod non eram.»

[18] WA 40, 1, 285, 5f, zit. nach Schwarz, Martin Luther, 24ff (Auslegung zu Gal 2,20).

individuell zugesprochenen Wort in der Beichte das Abendmahl dar, durch das Christus und der Gläubige »ein Kuchen« werden.[19] Diejenigen, die es empfangen, nehmen »seine Gestalt an, verlassen uns auf seine Gerechtigkeit, Leben und Seligkeit, und sind so durch Gemeinschaft seiner Güter und unseres Unglücks ein Kuchen, ein Brot, ein Leib, ein Trank und haben alles gemeinsam«.[20] Genauso wenig wie die Zutaten eines Kuchens, nachdem er einmal gebacken ist, wieder voneinander geschieden werden können, lassen sich Christus und der Gläubige nach dem Abendmahl wieder voneinander trennen.

Auch das mit diesen Überlegungen unmittelbar verbundene Bestehen Luthers auf der Realpräsenz Christi im Abendmahl entspricht mystischer Tradition. »Für die mystische Tradition ist es keine Frage, dass Gott in allen Dingen ist und darum auch im Brot und im Wein sakramental präsent sein kann. Entscheidend ist, dass er sich *für mich* gibt.«[21] Die Realpräsenz ist nicht zuletzt aus seelsorgerlichen Gründen für Luther unaufgebbar, weil sie den Kommunizierenden auf sinnliche Weise – unabhängig von gedanklichen Einsichten, Gefühlen und Stimmungen – die Nähe Gottes erfahren lässt. Dabei ist der Reformator der Meinung, dass das Abendmahl nur bei häufigem Empfang seine spirituelle Kraft entfalten kann.[22] Von daher war es ein großer Verlust im Hinblick auf die mystische Dimension evangelischer Frömmigkeit, dass das Abendmahl bis in die 1960er Jahre hinein in den Gemeinden nur sehr selten gefeiert wurde.

4. Resümee

Luther gebührt ein eigener Platz in der Geschichte der christlichen Mystik. Durch ihn kommt es einerseits zu einer Demokratisierung der Mystik, ihres Gottesverständnisses und ihres Glaubens- und Erfahrungsbegriffs und andererseits zur Vertiefung mystischer Orientierung an Jesus Christus, der Bibel und dem Glauben. Die Mystik Luthers zeichnet sich durch eine spezifische Prägung aus, für die sein an der Rechtfertigung orientiertes Glaubensverständnis verantwortlich ist, das er in Aufnahme, Abgrenzung und Weiterentwicklung mittelalterlicher Vorstellungen gewonnen hat. Im Zentrum steht eine Christusgemeinschaft von selten erreichter Intensität, die durch den

---

[19] Vgl. dazu im Einzelnen Eberhard Winkler, Motive der Mystik in Luthers Verständnis des Abendmahls, in: Lutherjahrbuch 78, 2011, S. 137–152.

[20] WA 2, 748, 16–18 modernisiert.

[21] Winkler, Motive der Mystik, S. 148 (Hervorhebung im Text).

[22] Vgl. z.B. Bekenntnisschriften der evangelisch-lutherischen Kirche (BSLK) 717, S. 23–42 (Großer Katechismus).

Glauben ermöglicht und durch das Wort zusammen mit weiteren Gnadenmitteln wie Taufe, Abendmahl und Beichte vermittelt wird.

Walter Nigg hat die Haltung des Reformators zur Mystik wie folgt zusammengefasst: »Sie bestand in einem heimlichen Ja, das oft unter einem lauten Nein tief vergraben ist.«[23] Damit sollte Luther die Stellung des Protestantismus zur Mystik in der weiteren Geschichte maßgeblich beeinflussen. Aufgrund der Ambivalenz seiner Äußerungen zur Mystik wurde es möglich, den Reformator – je nach eigener Überzeugung – als Kronzeugen sowohl zur Befürwortung als auch zur Ablehnung der Mystik anzuführen.

Eine ausführliche Version der vorstehenden Überlegungen findet sich in dem Buch: Peter Zimmerling, Evangelische Mystik, Göttingen 2015.

Peter Zimmerling (*1958) ist Professor für Praktische Theologie mit Schwerpunkt Seelsorge und Spiritualität an der Theologischen Fakultät der Universität Leipzig, dort auch Universitätsprediger.

---

[23] Walter Nigg, Heimliche Weisheit. Mystisches Leben in der evangelischen Christenheit, Zürich/München ²1987, S. 18.

Luthers Gottesbild in seiner Schrift »Vom unfreien Willen«

von Heiko Wulfert

Gott offenbart sich Mose im brennenden Dornbusch. Er nennt Seinen Namen und deutet diesen Namen mit den Worten »Ich werde sein, der Ich sein werde«[1]. Von der Alten Kirche bis zum Mittelalter legte man diese Selbstoffenbarung Gottes im Sinne einer Seinsmetaphysik aus: Gott ist das absolute Sein, Gottes Sein begründet alles andere, von ihm abhängige Sein[2]. Diese, von aristotelischer und neuplatonischer Philosophie beeinflusste Exegese, geht allerdings am Text in Ex. 3,14 vorbei. Th. C. Vriezen erschließt ein Verständnis der Worte aus dem hebräischen Wortlaut: Die Verbindung »ehje asher ehje« ist als Paronomasie im Relativsatz anzusehen, wie sie im Alten Testament mehrfach vorkommt. Sie bezeichnet das Indefinitum oder weist auf bekannte und unveränderbare Tatsachen hin[3]. Gottes Bezeichnung als »Ich bin, der Ich bin« weist also auf Gottes absolute Freiheit von jedem menschlichen Wollen und Bitten hin. Gott hört das Klagen Seines Volkes und wendet sich ihm gnädig als Retter zu. In der gleichen Freiheit Seiner Wahl verwirft Er die Ägypter, die Seinem Volk nachstellen, und läßt sie im Meer versinken.

Die Schwierigkeiten, die dieses Gottesbild für Verkündigung und Glauben bereitet, haben vielerlei exegetische und systematische Bemühungen ausgelöst, die bis in interpretierende Übersetzungen der Textstelle hineinreichen. Martin Buber übersetzt den Gottesnamen mit »Ich bin da« und bewahrt damit eine Vielfalt hermeneutischer Möglichkeiten. Dem Zeitgenossen mag aus Verkündigung und Religionsunterricht die erweiternde und beschwichtigende Wiedergabe bekannt sein: »Ich bin für euch da« – der dem Menschen zugewandte Gott als liebender Vater für alle. Damit sind die exegetischen Probleme nicht gelöst, sondern umgangen. Wer Gott in Zeiten der Anfechtung als den Fremden

---

[1]   Ex. 3,14

[2]   Vgl. Athanasius von Alexandrien, Epistula de synodis 35; Gregor von Nazianz, Oratio 30,18; Ambrosius, Enarrationes in 12 psalmos davidicos 43,19; Augustinus, Sermo 7,7; Johannes von Damaskus, De fide orthodoxa 1,9; Duns Scotus, De primo principio 1. Zu Thomas s. Wilfried Kühn, Das Prinzipienproblem in der Philosophie des Thomas von Aquin, Amsterdam 1982 und Gilles Emery, The Trinitarian Theology of St. Thomas Aquinas, Oxford 2007.

[3]   Th. C. Vriezen, Ehje aser ehje, in: Walter Baumgartner (Hg.); Festschrift für Alfred Bertholet; Tübingen 1950, S. 498-512.

und Unbegreiflichen erfährt, wird mit der verharmlosenden Darstellung des »für euch da« sehr wenig anfangen können.

Im Folgenden möchte ich das Gottesbild Luthers in seiner Schrift »vom unfreien Willen« (de servo arbitrio)[4] nachzeichnen. Mit dieser Streitschrift wandte sich der Reformator gegen Erasmus, den ungekrönten König der Humanisten. In seiner »Diatribe de libero arbitrio« hatte Erasmus von den Fähigkeiten des Menschen aus argumentiert. Hier zeigen sich die Früchte humanistischen Denkens, die Entdeckung der Größe des menschlichen Geistes, der für Erasmus auch vor Gott seinen Anteil am menschlichen Heil hat.[5] Luther dagegen denkt von der Majestät Gottes aus, der allein das Heil des Menschen wirkt und dessen Ratschluß dem Menschen verborgen bleiben muss. Erwählung und Verwerfung liegen für ihn in Gottes Hand. In einer großartigen und dennoch demütigen Darstellung beschreibt Luther Gott, der für den Menschen zugleich der verborgene Richter ist, der die Sünde straft und den Sünder verwirft, und den in Christus offenbaren liebenden Gott, der den Sünder erlöst.[6]

Erasmus hatte nicht ungeschickt für seine Auseinandersetzung mit Luther die entscheidende Frage nach der Freiheit des menschlichen Willens herausgegriffen, und dieses Thema ermöglichte es ihm auch, von der Verteidigung einzelner Dogmen im scholastischen Sinne abzusehen und alles auf das Gebiet praktisch-ethischer Fragen zu verlegen, wobei das ihm mit Luther Gemeinsame naturgemäß in den Hintergrund trat. Erasmus behandelte ein Lieblingsthema der Renaissance und er tut es mit den Mitteln und im Sinn der katholischen Dogmatik, d.h. er segelt im Fahrwasser des Synergismus mit gelegentlichen Anlehnungen an die augustinisch-thomistische Tradition. Der freie Wille des Menschen wirkt nach seiner Darstellung mit der göttlichen Gnade zusammen. Luther schrieb seine berühmte Gegenschrift nicht kühl-verstandesmäßig beide Faktoren abwägend, sondern ganz aus dem Gefühl heraus und nur den einen Gedanken betonend, dass es in der Religion allein auf Gott und sein Schenken ankomme, während der Mensch von ihm abhängig sei und nichts aus eigenen Stücken zu seinem Heil tun könne. Gottes schrankenlose Majestät und des Menschen unbedingte Abhängigkeit, das ist

Gottes schrankenlose Majestät und des Menschen unbedingte Abhängigkeit, das ist das Thema dieser leidenschaftlichen Streitschrift.

---

[4] De servo arbitrio (WA XVIII 600-787). Lateinisch-deutsche Studienausgabe, hg. von Wilfried Härle, Leipzig 2006.

[5] Die Gedanken des Erasmus bewegen sich in den Bahnen der berühmten Rede von der Würde des Menschen (de homnis dignatete) von Giovanni Pico della Mirandola.

[6] Zum Streit zwischen Luther und Eramsus vgl. Heinrich Holze, »Deus salutem meam extra meum arbitrium tollens in suum receperit«. Die Auseinandersetzung Martin Luthers mit Erasmus von Rotterdam über den Menschen, in: Heinrich Holze, Hermann Michael Niemann (Hg.), Kirchenleitung in theologischer Verantwortung, Leipzig 2007, S. 29–56.

das Thema dieser leidenschaftlichen Streitschrift. Es handelte sich bei Luther nämlich bei dem allen nicht um ein interessantes Schulproblem, sondern um eine zentrale religiöse Lebensfrage, die aufs Tiefste mit der Eigenart seiner Frömmigkeit zusammenhing und die mit den einzelnen Seiten seiner Theologie in engem Kontakt stand. Alles ist eingebettet in seine theologische Grundhaltung und nur von dorther ganz verständlich, alles ist durchpulst von dem leidenschaftlichen Pathos einer wirklich »theologischen« Einstellung.

Verständlich werden ihre einzelnen Gedankengänge erst, wenn man den allem zugrunde liegenden Gottesgedanken beachtet und dabei die Züge nicht übersieht, die eine Weiterbildung über die Postionen der Frühzeit Luthers bedeuten[7]. Schon in der Römerbriefvorlesung hatte Luther mit besonderem Nachdruck auf die Unveränderlichkeit und auf den allmächtigen Willen als die beiden Haupteigenschaften Gottes hingewiesen und in allen späteren Schriften finden sich ähnliche Gedanken. Alles, was Gott tut, geschieht »nach seinem ewigen, unveränderbaren und unfehlbaren Willen«[8], nie reut ihn sein Entschluss. Dieser Gedanke ist ein Rückhalt für die Rechtfertigungslehre im allgemeinen, denn er verbürgt dem Einzelnen die Wahrhaftigkeit Gottes, der zu seinen Verheißungen steht, er ist aber zugleich auch das Rückgrat für alle prädestinatianischen Anschauungen. Gottes Gnadenratschluss ist unabänderlich. Hier ist die Heilsgewissheit verankert, hier ist der Trost, den die Prädestination bringen kann. Diese Unveränderlichkeit gibt aber Luthers Gottesbild keineswegs eine quietistische Färbung, sondern zugleich wird unermüdlich betont, dass Gott alles durchwaltender Wille ist, eine Anschauung, die auch in den großen Abendmahlsstreitschriften begegnet. Gott ist der Allwirksame, der alles in allen bewirkt, oder wie es an einer viel zitierten Stelle heißt: »Gott handelt ohne jede Ruhe in allen seinen Geschöpfen«[9]. Man erkennt hier deutlich Luthers Zusammenhang mit der Scholastik in ihrer Fassung der »generalis influentia«, aber alles ist weitergebildet im Sinne der Vitalität, die Luthers Gottesgedanken in so hohem Maße eignet.

Ist Gott aber der unermüdlich Handelnde, so wirkt er in allen seinen Kreaturen, die dann nur seine »Larven« sind, er wirkt in den Guten ebenso wie in den Bösen, er ist der Urheber alles des-

---

[7] Auf eine Diskussion der Sekundärliteratur wird verzichtet. Für den Hintergrund von Luthers Theologie verweise ich auf Hans-Martin Barth, Die Theologie Martin Luthers. Eine kritische Würdigung, Gütersloh 2009.
[8] immutabili et aeterna infallibilique voluntate WA XVIII 613, Z. 13f.
[9] quam inquietus sit actor Deus in onibus creaturis suis – WA XIII 711, Z. 1.

sen, was geschieht, d.h. hinter allem steht der Determinismus. So ist es nur konsequent, wenn Luther sagt: »Alles, was wir tun, alles, was geschieht, auch wenn es uns wandelbar und zufällig erscheint, geschieht wahrhaftig alles notwendig und unwandelbar, wenn du auf Gottes Willen schaust«[10]. Also kann nur Gott einen freien Willen haben, während es beim Menschen nur Wollen gibt.

Glaubte Luther hiermit die Position des Erasmus entscheidend getroffen zu haben, so ist doch andererseits nicht zu verkennen, dass ihn sein Determinismus in ernste theologische Schwierigkeiten geführt hat. Wenn Gottes Allwirksamkeit so stark betont wird, wie steht es dann mit dem Ursprung der Sünde: Hat Gott auch das Böse verursacht? Wie kann man von Schuld sprechen, wenn Gottes unwiderstehlicher Wille den Menschen treibt? Vernichtet dies nicht alles Eigenstreben? Wie verträgt sich mit dem Determinismus das Wirken Satans, dem an vielen Stellen von Luther doch eine gewisse Selbständigkeit verliehen wird?

Die Prädestination ist ein Ausschnitt aus dem großen Gedanken des Determinismus, dieser ist gleichsam der Rahmen für jene. Ist der Mensch in all seinen Taten unbedingt von Gott abhängig, so auch hinsichtlich seines Heiles. Nicht er schafft und erwirbt es sich, sondern es beruht auf Gottes vorzeitiger Wahl. Darin sieht Luther gerade Gottes Lebendigkeit garantiert, der nicht ein schlafender Gott ist, der nicht wie der Zeus bei Homer bei den olympischen Festen feiert, sondern der das Geschick jedes Einzelnen entscheidend bestimmt, der erwählt und verwirft, errettet und verstockt (electio und reprobatio). Mit äußerster Schroffheit formuliert es Luther im Anschluss an Röm. 8, dass diese vorzeitige göttliche Wahl allem menschlichen Tun enthoben ist, dass bei Ausschaltung jeden Synergismus allein Gottes Monergismus alles bestimmt, dass gute Werke oder Sünden nicht Ursache für die Wahl, sondern nur deren Folgen sind.

Aber sofort erheben sich theologische Schwierigkeiten. Als die bedeutsamste ist die Frage nach dem Verhältnis Gottes zur Sünde zu betrachten. Wenn die Sünde lediglich Folge der Wahl ist, ist sie dann nicht von Gott verursacht? Die Konsequenz der Lehre von der deterministischen Prädestination erfordert Gott als den Urheber auch der Sünde, denn der Mensch ist für Gott ja nur ein Instrument. Andererseits sträubt sich Luther, in diese Konsequenz ohne weiteres einzuwilligen. Lehrreich ist hierin sein

---

[10] omnia, quae fecimus, omnia, quae fiunt, etsi nobis videntur mutabiliter et contingenter fieri, revera tamen fiunt necsessario et immutabiliter, si Dei voluntatem spectas WA XVIII 615, Z. 31 ff.

»Warnungsschreiben an alle Christen zu Antorf«[11], wo er es zurückweist, je eine göttliche Verursachung der Sünde gelehrt zu haben. Daher ist es aufschlussreich, den verschiedenen Antworten Luthers nachzugehen. Zunächst beschäftigt er sich mit dem Entstehen der ersten Sünde bei Adam. Dieser besaß zwar den freien Willen und die besondere Gnade (des Paradieses), gleichwohl konnte er das Gebot nicht halten, denn dazu hätte ihm Gott noch den Gehorsam schenken müssen. Der Fall Adams zeigt die Schwäche des freien Willen selbst da, wo ihn die Gnade unterstützt. Natürlich kann man fragen, warum Gott diesen Fall überhaupt zugelassen, warum er Adam nicht besser ausgerüstet hat – aber derartige Fragen schneidet Luther mit dem Hinweis darauf ab, dass wir dem göttlichen Willen keine Vorschriften zu machen haben.

Da über alle anderen Menschen die Erbsünde herrschte, so besaß nach Adam niemand mehr einen freien Willen, d.h. die menschliche Natur war von Geburt an der Sündhaftigkeit unterworfen. Luther geht hier verschiedene Wege, um Gottes Anteil an der Sünde möglichst zu beseitigen. Ist Gott der Urheber, der alles wirkt, so findet er doch bei dem Instrument, auf das er wirkt, eine bestimmte Eigenart vor, die er nicht ändert: »Er handelt in ihnen so, wie sie sind und wie er sie vorfindet, d.h. wenn sie vom Bösen abgewandt sind und von der Bewegung göttlicher Allmacht hingerissen werden [...]«[12]. Gott wirkt also überall, aber er verursacht nicht alles. Er wirkt auf die Bösen und steigert sie gerade dadurch in ihrer Bosheit; er setzt die Bösen in Bewegung, ohne das Böse zu verursachen. Das Ergebnis ist die Verstockung, die zur schließlichen Verwerfung führt. Das Verhältnis Gottes zur Sünde kann Luther auch so beschreiben, dass Gott sich vom Menschen zurückzieht und nun den Teufel beauftragt, diesen zu versuchen, mit dem Ergebnis, dass der schwache Mensch in Sünde fällt. – Kann man aber von Sünde nicht nur dann sprechen, wenn eine Schuld vorliegt und ist gerade das nicht bei einer deterministischen Prädestination ganz unmöglich? Luther geht auch auf diesen Einwand ein und sucht ihn dadurch zu entkräften, indem er einen unfreien Willen im strengen Sinne nur metaphysisch, nicht aber psychologisch gelten läßt. Vor Gott ist der Mensch ganz unfrei, insofern er nichts zu seinem Heile tun kann, in geringen Angelegenheiten (in inferioribus) hat er dagegen eine gewisse Wahlfreiheit (essen, trinken usw.), die mit Augustin angenommen wird. So versucht Luther, die deterministische Präde-

---

[11] WA X 1786 f. aus dem Jahr 1525.
[12] agit autem in illis taliter, quales illi sunt et quales invenit, id est, cum illi sunt aversi ab mali et rapiantur motu illo divinae omnipotentiae [...] WA XVIII 710.

stination mit dem Schuldcharakter der Sünde zu vereinen, wobei man das Gefühl nicht los wird, dass dies eine contradictio in adiecto sei, denn die psychologische Freiheit ist im Grunde genommen doch nur eine menschliche Täuschung. Aber das lernt man aus all diesen mannigfaltigen Versuchen, dass Luther unter allen Umständen Gott nicht als Urheber der Sünde darstellen wollte, und dass er, um das zu vermeiden, zu künstlichen und in sich widerspruchsvollen Beweisen greifen musste. In Wirklichkeit muss sich als Luthers Anschauung ergeben, dass Gott die Sünde zwar hasst, sie aber dennoch entstehen lässt und den Menschen dafür straft.

Andererseits darf man nicht die Frömmigkeitsmotive verkennen, die hinter dieser ganzen Konzeption Luthers stehen. Prädestination heißt auch, dass der Mensch vor Gott nichts tun könne, was irgendwie einen Anspruch auf Lohn begründet, da er immer jenseits der göttlichen Forderung bleibt, dass vielmehr Gott alles wirke, dass er die Sünder verstocke, wodurch er sie teils zum Glauben führt, teils in die Verdammnis stößt. Prädestination heißt endlich, dass außermenschliche Kräfte die letzte Entscheidung über das Geschick des Menschen fällen, das große kosmische Ringen von Gott und dem Teufel setzt sich in der Seele jedes Einzelnen fort, die zum Schlachtfeld wird. Gott und Teufel sind nicht Zuschauer aus der Ferne, sondern Größen von unheimlicher Realität, die als Handelnde entscheidend eingreifen. Entweder Gott oder der Teufel reitet den Menschen. Diese kosmische Perspektive gibt allem, auch der Gotteslehre, in dieser Epoche der Lehrentwicklung Luthers eine neue Nuancierung und sie zeigt zugleich die dramatische Bewegtheit, die Luthers Konzeption eignet. Und diese Einstellung mündet in die gläubige Erwartung und das Gebet, dass Gott in uns die Neuschöpfung wirke, dass sein Geist in uns eine Lebensmacht sei, dass er sich herablasse, in uns seine Mitarbeiter zu sehen, dass wir freudig und willig das Gute tun, wie wir zuvor sündigten, dass wir zu den Erwählten gehören mögen.

Luther hat es selbst gesehen, dass sich gegen diese von ihm mit aller Schroffheit vorgetragene Lehre von der doppelten Prädestination erhebliche Bedenken erheben lassen und er hat die bedeutendsten selbst formuliert. Dabei fällt sofort auf, dass er jede Diskussion über Gottes Werk von vornherein ablehnt und als Hochmut zurückweist. Er steht Gott nicht gegenüber, auf den Besitz seines Verstandes pochend, sondern er verharrt in Anbetung und Gebet vor seinem Herrn. Jede vorlaute Frage nach dem »Warum« des verborgenen, göttlichen Gnadenratschlusses weist er ab. Schon in der Römerbriefvorlesung hat er im Anschluss an

Röm. 9 auf den schrankenlosen Willen Gottes hingewiesen, der tun könne, was er wolle. Ähnlich heißt es in de servo arbitrio: »Es genügt, es zu wissen, [...] nicht gestattet ist es, zu fragen, zu wünschen und zu berühren, sondern nur zu fürchten und an-

Luther nimmt vor Gott die Haltung des Beters ein.

zubeten«[13], d.h. Luther nimmt vor Gott die Haltung des Beters ein, er sieht gerade in dem scheinbar Ungerechten und Undurchsichtigen etwas, was notwendig zu Gottes Gottheit gehört, er hat davor eine innere Scheu, dieses irgendwie auf ein menschliches Niveau rationaler Klugheit und Zweckmäßigkeit herabzuziehen. Mag der Schein auch dagegen sprechen, Luther ist innerlich doch davon überzeugt, dass auch die geheime Gnadenwahl der Gerechtigkeit entspreche, aber eben der göttlichen Gerechtigkeit, die als göttliche für eine menschliche Berechnung immer etwas Inkommensurables haben muss. Erst das Licht der Herrlichkeit wird hier völlige Klarheit bringen können. Fürs Erste müssen wir uns an der Analogie genügen lassen, dass alles, was bei Gott wertvoll ist, von der Welt verachtet wird (Kreuz, Anfechtungen). Neben allen, mehr der rationalen Ebene angehörenden Elementen, die bei Luther ja keineswegs fehlen, ist dieses doch für ihn das allein maßgebende und durchschlagende und seine Verwendung zeigt deutlich, welch ein starkes Gefühl Luther für das Numinose in Gott hatte.

In diesem Zusammenhang greift Luther auf die Unterscheidung von verborgenem und offenbaren Gott (deus absconditus und deus revelatus) zurück. Es ist eine Eigentümlichkeit göttlichen Wirkens, dass Gottes Tun im Gegenteil verhüllt ist, dass Gottes Majestät sich gerade in der Niedrigkeit und Schwachheit offenbare, dass das eigene Werk Gottes (opus proprium) nur durch das fremde Werk (opus alienum) zur Ausführung kommt. Gottes Werk offenbare sich also in der Verhüllung, das gilt sowohl für Christi Leben (Inkarnation, Kreuz) als auch für das Leben der Gläubigen. Es heißt daher von Gott: »er verbirgt das Seine, um es zu offenbaren«.[14] In Christus ist der verborgene Gott offenbar, aber nur für den Glauben und zugleich auch nur so, dass er in der Konkretion »verborgen« ist, verhüllt durch das Fleisch. Genauso liegt es auch bei der Offenbarung, durch das Wort der Schrift, das in der Enthüllung zugleich Verhüllung ist. Das ist geradezu die Dialektik der Offenbarung, dass sie alles andere als rationales Verstehen bewirkt, dass sie vielmehr Gottes Heilswirken mit den Menschen ahnen lässt, ohne dabei das Gefühl für das Unbegreifliche aufzuheben.

---

[13] Satis est nosse tantum [...] sed non licet optare, curare et tangere, sed tantum timere et adorare – WA XVIII 686, Z. 1ff.

[14] abscondit sua, ut revelet – WA I 138, Z. 14.

All diese Gedanken vom deus absconditus, der gerade in seiner Verborgenheit für den Glauben zum deus revelatus wird, finden sich auch in »de servo arbitrio« wieder, aber doch ganz verschieden in ihrer Fortbildung. In Verbindung mit seinen Prädestinationsgedanken spricht Luther jetzt von einem doppelten göttlichen Willen. Deus absconditus und revelatus fallen auseinander. Nach dem einen Willen beseitigt Gott Sünde und Tod, nach dem anderen wirkt er sie gerade, bald weint und trauert er um den Tod des Sünders, bald verwirft er ihn. Dabei ist zu bemerken, dass der deus revelatus (incarnatus = Christus), also der konkrete Gott hier mit dem Wort identifiziert wird, während der deus absconditus nicht ohne Weiteres mit einem in der Natur wirksamen Gotteswillen gleichzusetzen wäre, da er von Luther nur in Bezug auf die Prädestination eingeführt worden ist.

Gewiss rührt hier Luther stark an die Grenze des Kosmisch-Metaphysischen, aber konsequent ist er diesem Gedanken nie nachgegangen. Er hat ein starkes Gefühl für Gottes Erhabenheit besessen, die auch trotz der Offenbarung für den Menschen immer etwas Undurchsichtiges behalten muss, deshalb hat er eindringlich vor gefährlichen Spekulationen gewarnt: »Gott muss also in seiner Majestät und Natur belassen werden. Denn da haben wir nichts mit ihm zu schaffen und er will es auch nicht. Aber soweit er durch sein Wort bekleidet und dargeboten ist, durch das er sich uns mitteilt, handeln wir mit ihm.«[15]. Der Glaube hält sich an den in Christus offenbaren Gotteswillen, er verlässt sich vertrauensvoll auf das Heil, das Gott in Christus den Menschen zugesagt hat, und er ist zugleich davon überzeugt, dass der geheime und zu fürchtende Gotteswille im Licht der Herrlichkeit in seiner erhabenen Gerechtigkeit geschaut wird, wenn er uns auch hienieden zweifelhaft erscheint. Glaube und Anbetung – darin erschöpft sich die Haltung der Menschen vor dem göttlichen Geheimnis, es ist eine streng religiöse Einstellung.

Das wird noch deutlicher, wenn wir beachten, wie sich bei Luther die Prädestination mit der ihm eigentümlichen Kreuzestheologie verbindet. Gott erscheint bei Annahme der doppelten Prädestination hart, grausam und ungerecht – aber gerade darin liegt der höchste Erweis des Glaubens, den Gott, der nur wenige rettet, für gütig zu halten. Der Glaube wird geübt, indem er immer wieder durch das fremde Werk Gottes zum eigenen Werk hindurch dringt, indem er – wenn alles in Frage gestellt wird und die Anfechtung und die Prädestinationsängste hereinbrechen –

---

[15] Relinquendus est igitur deus in maiestate et natura sua. Sic enim nihil nos cum illo habemus agere, nec sic voluit a nobis agi cum eo. Sed quatenus indutus et proditus est verbo sua, quo nobis sese obtulit, cum eo agimus – WA XVIII 685, Z. 14-17.

*Die Flucht zum
deus revelatus,
zum Wort,
überwindet die
Anfechtung,
aber nur dann,
wenn es Gott
will.*

sich immer wieder neu an Gottes Verheißung in Christus klammert. Die Flucht zum deus revelatus, zum Wort, überwindet die Anfechtung, aber nur dann, wenn es Gott will. Darin liegt wieder die Spannung, die in Luthers ganzer Theologie herrscht. Der Glaube ist ebenso ein Werk Gottes, das er an den Erwählten wirkt, wie das Schenken des Geistes, der allein das Wort enträtselt. Der Glaube und das Verhältnis von Wort und Geist hängt mit der Lehre von der Prädestination zusammen, aber für den Frommen ist das nur tröstlich. Das schenkt ihm die Heilsgewissheit, das lässt ihn in den Ängsten der Prädestination ein Zeichen der Erwählung sehen und führt zur Überwindung der Anfechtung. Man sieht aus allem, wie tief der Gedanke von der Prädestination in das ganze Gefüge von Luthers Theologie eingreift, wie nach allen Seiten hin Verbindungsfäden führen und wie diese Gedanken nicht etwa erst durch die Kontroverse mit Erasmus hervorgerufen sind, sondern sich schon in den frühen Vorlesungen finden, wenn sie auch durch diesen Streit eine gewisse Zuspitzung erfahren haben.

Es erübrigt sich noch, die Frage nach den Quellen für diese Anschauung Luthers zu stellen. So wenig seine Eigenart in deren Konzeption und Ausformung verkannt werden soll, so notwendig ist es doch andererseits, Luthers Gedanken in den ganzen Strom der Entwicklung einzuordnen. Dabei muss man scharf scheiden zwischen dem prädestinatianischen Monergismus und dem Determinismus. Ersterem begegnen wir schon in Luthers Frühzeit ganz deutlich und es ist von vornherein klar, dass Luther hier aufs stärkste von Augustin beeinflusst ist. Wenn Augustin in »de dono perseverantiae« sagt: »Wenn beides also Gottes Gabe ist und Gott vorausweiß, dass er diese Gabe geben werde, so ist die Prädestination zu predigen, damit die wahre Gnade Gottes, jene, die nicht nach unseren Verdiensten zuteil wird, verteidigt werde«[16]; wenn er im »Enchiridion«[17] schreibt, die Einen bestimme Gott zurecht zur Strafe, die Anderen erwähle er gütig zur Gnade – so erkennt man schon daraus die enge Verwandtschaft mit Luther. Aber bei ihm kreuzt sich der Augustinismus mit Anregungen anderer Art, die vom Nominalismus herrühren.

Man spürt dieses Andere sofort an der Fassung des Gottesgedankens, wie sie uns in »de servo arbitrio« entgegentritt. Die Betonung des Willens in Gott, der alles mit sich fort reißt und alles in Bewegung setzt, weist allein schon in die Richtung einer theo-

---

[16] si autem utrumque dei donum est et haec deus dona sua ... daturum se esse praescivit, praedestinatio praedicanda est, ut possit vera dei gratia, hoc est quae non secundum merita nostra datur, [...] defendi – de dono perseverantiae 21,54.
[17] Enchiridion 100.

logischen Entwicklung, deren machtvolle Anfänge bei Duns Scotus liegen. Auch bei Gabriel Biel, dem theologischen Lehrer Luthers, hat der Wille im Gottesgedanken eine herrschende Stelle inne. Was dieser Gott will, ist gut; er schenkt die Gnade: »Gott gießt seine Gnade frei aus seiner Güte ein«[18] und man kann ihm dabei keine Ungerechtigkeit vorwerfen – »allein der göttliche Wille ist die erste Regel jeder Gerechtigkeit«[19]. Deshalb ist für den Menschen die Frage nach dem »Warum« ganz ausgeschlossen. »Denn er ist es, den niemand fragen kann, warum tust du das – und was immer er tun kann, sind gerechte Taten.«[20] An sich hätte Gott auch alles ganz anders einrichten können, aber seine absolute Macht (potentia absoluta) hat sich gebunden (potentia ordinata) an die gegenwärtige Heilsordnung, an die Kirche und ihre Institutionen. So hat er auch die durch das Vorherwissen (Praeszienz) erreichte Prädestination an die Kirche gebunden. Man wird nicht leugnen können, dass Luther in »de servo arbitrio« auf den Nominalismus zurückgegriffen hat. Wie dieser betont er, dass Gott es eben so eingerichtet hat, dass der Erwählte nur im Rahmen der Kirche erwählt »bleiben« kann. Wie der Nominalismus, so hat auch Luther ein lebhaftes Gefühl für Gottes Größe und Erhabenheit, die sich aller menschlichen Berechnung entziehen und jedes »Warum« verbieten. So falsch es wäre, den Unterschied von deus absconditus und revelatus bei Luther schon in seiner Frühzeit mit der nominalistischen Unterscheidung zwischen potestas absoluta und ordinata in Zusammenhang zu bringen, so liegt es andererseits doch auf der Hand, dass Luther in der Streitschrift gegen Erasmus hier Anleihen macht, wenn er von den beiden Willen in Gott spricht, die sich gegenseitig ausschließen – der eine will den Tod des Sünders, der andere nicht. Auch Biel weist ganz ähnlich darauf hin, dass die potestas ordinata das Heil nur schenkt, wenn der Einzelne schon eine von Gott eingegossene Gnade in sich hat, während die potestas absoluta es auch jemandem mitteilen kann, der diese Voraussetzung nicht hat. Bei beiden klaffen die zwei göttlichen Willen auseinander. Indem Luther den deus absconditus und revelatus mit der Prädestination verbindet, lässt ihn das Anleihen beim Nominalismus machen. Aber es handelt sich doch nicht um eine sklavische Nachahmung des Vorbildes, sondern die Anleihen werden in das Ganze von Luthers Theologie eingebaut und erhalten dadurch doch eine andere Nuancierung. Dem deus

---

[18] libere et contingenter infundit gratiam ex sua benignitate – -sentenzenkommentar dist. 17, quae. 1.
[19] sola voluntas divina est prima regula omnis iustitiae – dist. 43, quae. 1.
[20] Ipse enim est, cui nullus dicere potest, cur ita facis, et quaecumque facere potest, facenda iusta sunt – dist. 17, uae. 1.

Das Absehen vom verborgenen Willen der Majestät, das Sichhinwenden zu Christus, zum verkündigten Gott, zeigen deutlich, wo die eigentlichen Wurzeln seiner Frömmigkeit liegen.

absconditus gegenüber verharrt Luther in der Gebetshaltung, auch wenn er Gottes Willen nicht versteht, so ist er gleichwohl von dessen innerer Gerechtigkeit überzeugt, wenn sich diese auch erst im Licht der Herrlichkeit offenbart. Spricht er von dem doppelten Willen Gottes, so interessieren ihn nicht die vielen, an sich vorliegenden Möglichkeiten contingenten Handelns, sondern seine Aussagen nehmen allein Bezug auf die Prädestination, sind also auf das Heil konzentriert. Das Absehen vom verborgenen Willen der Majestät, das Sichhinwenden zu Christus, zum verkündigten Gott, zeigen deutlich, wo die eigentlichen Wurzeln seiner Frömmigkeit liegen.

Deutlich ist der Unterschied zwischen Biel und Luther bei der Fassung der Prädestination. Biel gründet sie auf die vorausgesehenen Verdienste (praevisa merita), Luther, in der Nachfolge Augustins, allein auf den göttlichen Willen. Biel kann daher Prädestination mit merita, kirchlicher Praxis, menschlichem Streben vereinen, während Luther, auch hier in Augustins Bahnen, letztlich den göttlichen Monergismus wahren will. Die Schwierigkeit, dass bei einem einseitigen Wirken Gottes der Mensch zu einem willenlosen Werkzeug degradiert wird, sucht Luther wie Augustin zu bewältigen, indem er zwischen Notwendigkeit (necessitas) und Zusammenwirken (coactio) scheidet und indem beide in den alltäglichen Entscheidungen einen gewissen freien Willen annehmen.

In einem Punkt weicht aber Luther von Augustin und von Biel ab, in der Frage des Determinismus. Dieser hat an sich nichts mit einer doppelten Prädestination zu tun, findet sich auch in Luthers Gedankenwelt später als diese, deutlich ausgesprochen in Art. 35 der »Assertio omnium articulorum«, breit ausgeführt in »de servo arbitrio«. In der Assertio gibt Luther dafür Wiclif als Quelle an, von dem ihm aber sicher kaum etwas in so früher Zeit bekannt war. Man hat an Gregor von Rimini gedacht, was möglich ist, aber auch dieser wäre nur als Mittelsmann zu werten. Am deutlichsten ausgeprägt ist der Determinismus von Thomas: »Gott ist die erste Ursache, der die Gründe der Natur und des Wollens bewegt«.[21] Diese Überlegungen stammen letztlich von Aristoteles, werden von Thomas aber mit der augustinischen Prädestinationslehre verknüpft. Während bei Thomas aber alles rein spekulativ durchgeführt wird, kreist bei Luther alles um den göttlichen Monergismus, um das Prinzip der Erwählung des Sünders, es geht also um die Rechtfertigungslehre, und um die consolatio, die darin liegt, dass mein Heil gerade von Gott abhängt, also in keiner Weise in

---

[21] Deus est prima causa, movens et naturales causas et voluntarias – Summa I, 83 1 ad 3.

meine Hände gelegt ist. Auch hier sieht man, wie Luther überkommene Vorstellungen seiner eigenen Welt einfügt, aber sie damit auch sofort umdeutet.

Das ist überhaupt für die ganze mittlere Epoche in Luthers
Werk charakteristisch, dass ihn die Abwehr gegnerischer Ein-
wände dazu führt, stärkere Anleihen bei der Scholastik zu machen und mit deren Termini und Distinktionen zu arbeiten, was
bei Freund und Feind zuweilen den Eindruck eines Zurückkeh-
rens nach Rom hervorrief. Sieht man aber aufs Ganze, so muss
man urteilen, dass es sich nicht um bloße Ausflüchte handelt,
sondern dass die gelegentlichen Rückgriffe auf scholastisches Gut
nur vereinzelt und dass sie ein Glied einer Beweiskette sind. In
Wirklichkeit ist alles durchpulst von Luthers originaler religiös-
theologischer Eigenart, die auch fremde Einzelmotive in sich
nimmt und umformt. Die Haltung, die allem zugrunde liegt, ist
unverkennbar Luthers geistiges Eigentum, und ebenso bleibt es
in hohem Maße bewunderungswürdig, wie gerade die mancherlei Streitigkeiten dieses Jahrzehntes den Reformator dazu veran-
lassen, aus seiner Rechtfertigungslehre für alle einzelnen Gebiete
Konsequenzen zu ziehen, wie er also niemals eine bloße Verle-
genheitsantwort vorträgt, sondern seine Entscheidung immer
aus dem Ganzen seiner Frömmigkeit fällt: Daher enthalten auch
die großen Kampfschriften gegen Zwingli und Erasmus das Ganze seiner Theologie und sind in ihren einzelnen Beweisen – und
zum Teil Gewagtheiten – immer nur vom Ganzen zu denken.
Dann aber wird man sie mit hohem inneren Gewinn lesen und
wird aus dieser Lektüre lernen, wie Luthers Theologie ein leben-
diger, in ständiger Bewegung befindlicher Organismus ist, dessen Teile zusammengehören und sich immer wieder aufeinander
beziehen. Und man wird zugleich erkennen, dass hinter allem
eine bestimmte religiöse Haltung sichtbar wird, die ein ausge-
prägtes Gefühl für die erhabene Majestät Gottes besitzt und dabei in vertrauensvoller Liebe sich dem Gott hingibt, dessen Verheißung (promissio) gerade dem Sünder die Vergebung (remissio)
in Christus anbietet, die er nur gläubig zu ergreifen braucht.

*Dr. Heiko Wulfert (*1960) ist Pfarrer in Aarbergen-Kettenbach,
Ältester im Konvent Hessen der Evangelischen Michaelsbruderschaft und Sekretär der EMB für Theologie und Ökumene*

Reformation – hinter uns oder vor uns?

Ein Gemeindevortrag zum Reformationsjubiläum 2017

von Oskar Greven

Wie gehen wir auf das 500-jährige Jubiläum der lutherischen Reformation am 31.10.2017 zu? Mit stolz geschwellter Protestantenbrust? Nach dem Motto: Jetzt gehört uns die Bühne und wir können endlich mal zeigen, wie großartig die Reformation doch war und wie wir Evangelischen uns präsentieren können als »die Kirche der Freiheit«? Oder eher skeptisch und resignierend – entsprechend der Titelseite der Zeitschrift »Publik-Forum« vom 23.9.2016: »Das letzte Fest?« mit einem Beitrag von Johann Hinrich Claussen, dem Kulturbeauftragten der EKD und langjährigem Hauptpastor in Hamburg?

Ich zitiere: Bei den Themenjahren der Reformationsdekade fehlte leider das Thema »Reformation und Aufklärung« – schämt man sich in der evangelischen Kirche etwa dieser Frucht der Reformation? »Denn eine aufgeklärte Religion ist eine schwache Religion. Sie ist bindungsschwächer als nicht-aufgeklärte Religionskulturen. Sie lebt davon, dass der Gläubige in eine innere und äußere Distanz zum historisch Vorgegebenen und dessen autoritativen Repräsentanten tritt. Er entfernt sich von dem, was ihm in Tradition, Institution, Dogma und Ritus vorgestellt wird, um selbst über den Grad seiner Zugehörigkeit und Zustimmung zu entscheiden.«

Im Folgenden deutet Claussen diese Beobachtung zustimmend und positiv: »Der deutsche Protestantismus als aufgeklärte Religionskultur ist nicht nur schwächer, was seine soziale Bindungskraft angeht. Er ist auch inhaltlich unsicherer – und muss es sein. Der Glaube ist für ihn kein fester Besitz, kein stets sicher gegebener Kirchenschatz, sondern allein im Modus des je eigenen Fragens und inneren Sehnens gegenwärtig. Auch auf solch einen unsicheren Glauben kann man eine Gemeinde gründen. So sind heute die meisten evangelischen Kirchengemeinden – übrigens auch die katholischen – keine geschlossenen Bekenntnisgruppen, sondern Gemeinschaften von Fragenden und Suchenden, von Menschen, die Gott eher vermissen, als seiner gewiss sind.«

Nichts gegen Aufklärung, nichts gegen »Fragen und inneres Sehnen«, aber wenn der »innere Kern« der Botschaft Martin Luthers, das Evangelium der bedingungslosen Gnade oder Liebe Gottes und seine Verkündigung, nicht mehr im Mittelpunkt des

Wenn die Evangelischen nicht mehr wissen, was »Evangelium« eigentlich bedeutet, brauchen sie auf Dauer auch keine evangelische Kirche mehr.

Nachdenkens steht und den weiteren Weg der evangelischen Kirche bestimmt, halte ich jetzt schon ein 600-jähriges Reformationsgedenken für ausgeschlossen – und überflüssig! Wenn die Evangelischen nicht mehr wissen, was »Evangelium« eigentlich bedeutet, brauchen sie auf Dauer auch keine evangelische Kirche mehr.

Aber lassen wir uns für das 500-jährige Reformationsgedenken noch von anderer Seite befragen.

1. Kirche auf dem Prüfstand

Im Jahr 2000 erregte das päpstliche Schreiben »Dominus Iesus«, das eigentlich ein innerkatholisches Dokument war, aber doch auch in den anderen Kirchen wahrgenommen wurde, einiges Aufsehen mit seiner Formulierung, die evangelischen Kirchen seien nicht Kirche »im eigentlichen Sinn«. Kardinal Joseph Ratzinger, der damalige Präfekt der Glaubenskongregation, war für diese Worte verantwortlich und verteidigte sie auch. Nach ihrem eigenen Selbstverständnis seien sie vielmehr »kirchliche Gemeinschaften«. Natürlich gab es dagegen reichlich Protest, aber die Sache blieb offen und wurde auch von evangelischer Seite nicht deutlich und öffentlichkeitswirksam geklärt. Wie auch? Wer kann eine solche wichtige Anfrage im Namen und Sinn aller Evangelischen mit Autorität beantworten?

Die Antwort können und müssen wir Evangelischen in und mit unseren Gemeinden selber geben.

Ich hoffe, alle anderen Evangelischen werden mir zustimmen, wenn ich sage: Natürlich sind wir »Kirche im eigentlichen Sinn« – nicht weniger als »die Römer«, nur eben auf eine andere Weise, und mit der Rückfrage an die römische Seite: Seid ihr denn »Kirche im eigentlichen Sinn« – so, wie sie dem Willen unseres Herrn Jesus Christus entspricht? Eure Kirchenstruktur mit Papst-, Bischofs- und Priesteramt ist nach unserem Verständnis des Neuen Testaments keineswegs die allein seligmachende Form von Kirche, im Gegenteil, sie kann den eigentlichen Sinn von Kirche verdecken, verstellen und entstellen.

Nach evangelischem Verständnis ist »Kirche im eigentlichen Sinn« vielmehr die Gemeinschaft von Menschen, die Jesus, den Christus, als ihren Herrn und als Messias für alle Völker bekennen und nach seinem Wort als Schwestern und Brüder miteinander ihren Glauben leben und in der Liebe bezeugen, an ihrem Ort und in weltweiter Verbundenheit. Wie dieses Miteinander gestaltet und geordnet wird, muss immer wieder neu im Hören auf Gottes Wort und im Blick auf die gegenwärtige Lebenssituation herausgefunden werden. Natürlich gibt es dafür bewährte Formen und Ämter, aber die gelten nicht »für alle Ewigkeit«, sondern müssen immer wieder »auf den Prüfstand«.

Ein solches Kirchenverständnis macht nach außen natürlich weniger Eindruck als die festen und teilweise imposanten Ämter und Strukturen der römisch-katholischen Kirche, die ja auch von ihren Mitgliederzahlen her das Bild der Christenheit dominiert. Sowohl in der christlichen Ökumene wie in der Gesellschaft gibt es eine deutliche Ausrichtung oder Fixierung auf »leitende Männer« (u.U. auch Frauen) und verbindliche Traditionen – ob in Zustimmung oder in Ablehnung. Evangelische Kirche hat es dagegen schwer, sich deutlich, ja teilweise überhaupt bekannt zu machen. Sogar viele ihrer Mitglieder sind eher auf das Selbstverständnis und die Gestalt der Mehrheitskirche hin orientiert – und treten dann manchmal auch wegen des Papstes aus der evangelischen Kirche aus!

Das Reformationsjubiläum wird das Selbstverständnis und die Praxis der evangelischen Kirche(n) vielleicht/hoffentlich für einige Zeit neu ins allgemeine Bewusstsein bringen, aber ob das Tiefen- und Langzeitwirkung hat? Es wird uns, die wir Verantwortung tragen in der evangelischen Kirche, nichts anderes übrigbleiben, als auf den lebendigen Geist Gottes zu vertrauen, der »das Werk seiner Hände (und damit eben auch die Kirche) nicht preisgibt« und uns hilft, frei und fröhlich in der Spur zu bleiben, die uns durch das Evangelium Jesu Christi vorgezeichnet ist.

Dazu gehört allerdings auch immer wieder neu die ehrliche und nüchterne Selbstprüfung: Was ist denn die gegenwärtige Situation in unserer Gesellschaft und in unserer Welt, in der wir uns als Christenmenschen zu bewähren haben – und: Wie ist die gegenwärtige Situation in unserer Kirche bzw. Gemeinde? Was gibt es an Abbrüchen und was gibt es an Aufbrüchen? Wo sollen wir unsere Kräfte und Mittel investieren und wovon müssen wir uns auch trennen und verabschieden?

Bei dieser Klärung und Selbstprüfung sollten wir uns als Evangelische aber nicht an fragwürdigen Marketing-Strategien orientieren, sondern zunächst und primär an den Wegmarkierungen, die uns in den reformatorischen Aufbrüchen vor 500 Jahren aufgeleuchtet sind. Ich werde an einige Zitate aus der Reformationszeit zu den berühmten vier »soli« erinnern und eine eigene Auslegung für heute anschließen, die von meiner ökumenischen Erfahrung und Einschätzung geprägt ist.

2. Reformatorische Einsichten und Perspektiven

2.1 Solus Christus (allein Christus) – was wird uns dazu von den Reformatoren gesagt?

Luther: »*Du kannst Gott mit deinem Dichten und Spekulieren ohne Schaden und Gefahr nicht erkennen, es sei denn, dass du dich zur Krippe haltest. Wirst du es aber umkehren und von der Gottheit anfangen, wie sie die Welt regiert, wie sie Sodom und Gomorrha zerstört hat, ob sie diesen oder jenen prädestiniert hat oder nicht, so wirst du alsbald den Hals brechen und vom Himmel stürzen wie der böse Geist. – Mein Lieber, klettere nicht, geh zuvor nach Bethlehem.*« (WA.TR1, Nr. 257, 108)

»*Christus, geboren zu Bethlehem, ist nicht schreckliche Traurigkeit, sondern große, tröstliche Freude, die ein erschrockenes Herz wünschen und begehren kann. Die Welt ist fröhlich und guter Dinge, wenn sie Geld und Gut, Macht und Ehre hat. Aber ein elend, betrübt Herz begehrt nichts anderes als Frieden und Trost, dass es wissen möge, ob es einen gnädigen Gott habe. Und diese Freude, wovon ein betrübt Herz Ruhe und Frieden hat, ist so groß, dass aller Welt Freude dagegen nicht ankommen kann. Darum soll man den armen Gewissen so predigen, wie der Engel gepredigt hat: Hört mir zu alle, die ihr elenden und betrübten Herzens seid, ich bringe euch eine fröhliche Botschaft.*« (Predigt am 1. Weihnachtstag, 1531, WA 34/II, 505f.)

Heidelberger Katechismus, Frage 1:
»*Was ist dein einziger Trost im Leben und im Sterben? Dass ich mit Leib und Seele im Leben und im Sterben nicht mir, sondern meinem getreuen Heiland Jesus Christus gehöre. Er hat mit seinem teuren Blut für alle meine Sünden vollkommen bezahlt und mich aus aller Gewalt des Teufels erlöst; und er bewahrt mich so, dass ohne den Willen meines Vaters im Himmel kein Haar von meinem Haupt kann fallen, so dass mir alles zu meiner Seligkeit dienen muss. Darum macht er mich auch durch seinen Heiligen Geist des ewigen Lebens gewiss und von Herzen willig und bereit, ihm forthin zu leben.*«

Ich frage: Bestimmt dieser Christusglaube heute (noch) »die Verkündigung« in der evangelischen Kirche?

Ich frage: Bestimmt dieser Christusglaube heute (noch) »die Verkündigung« in der evangelischen Kirche? Ist das Leben evangelischer Menschen davon erkennbar und spürbar geprägt? Eine Antwort ist auf diese Fragen natürlich so pauschal nicht möglich. Ich versuche, selber zu formulieren: Wie können wir heute mit und aus diesem Glauben leben?

Jesus von Nazareth ist für uns der Christus, d.h. der Gesalbte, der »Messias«. »Durch ihn widerfährt uns frohe Befreiung aus den gottlosen Bindungen dieser Welt zu freiem, dankbarem Dienst an seinen Geschöpfen« (2. Barmer These). In ihm erkennen wir die »Menschenfreundlichkeit« Gottes. Das wollen wir, die Christen, d.h. die »Leute des Messias«, bezeugen – an unserem Ort und in aller Welt.

Jesus, der Christus, ist für uns die Mitte des Glaubens. In ihm und durch ihn erkennen wir, wer Gott ist – kein »höheres Wesen«, sondern die Mensch gewordene und immer wieder Mensch werdende ewige, unzerstörbare Liebe, die alles Leben auf dieser Erde »erlösen« will aus selbstzerstörerischen Tendenzen und Strukturen. Krippe und Kreuz sind die Erkennungszeichen dieser Liebe. Aber der Messias Jesus ist zugleich der Auferstandene. Kein Tod kann ihn besiegen. In der Geisteskraft des lebendigen Gottes weckt er auch uns zu einem neuen Leben auf. Wir sind »sein Leib«, er lebt in und durch uns in dieser Welt.

Nicht in herrschaftlicher Gestalt lebt er unter und in uns, sondern als ein Dienender, als ein Bruder. Er reitet auf dem Esel, nicht auf dem hohen Ross. Er wäscht seinen Jüngern die Füße. Er bricht mit allen das Brot. Er zeigt: Die Liebe kann Wunder wirken. Wir Christen, d.h. die Leute des Messias, wirken diese Wunder weiter (siehe Apostelgeschichte). Wir alle stehen und gehen »an seiner Stelle«, sind »Stellvertreter Christi«. »Solus Christus« – ja, in Jesus, dem Christus erkennen wir die Fülle und die Wahrheit des Lebens, aber der Messias ist niemals solus (allein), er lebt in und mit »den Seinen« für das »Heil der Welt«.

2.2 Sola gratia (allein die Gnade) – was wird uns dazu von den Reformatoren gesagt?

Confessio Augustana (1530)

»Weiter wird gelehrt, dass wir Vergebung der Sünde und Gerechtigkeit vor Gott nicht durch unser Verdienst, Werk und Gerechtigkeit erlangen können, sondern dass wir Vergebung der Sünde bekommen und vor Gott gerecht werden aus Gnade um Christi willen durch den Glauben, nämlich wenn wir glauben, dass Christus für uns gelitten hat und dass uns um seinetwillen die Sünde vergeben, Gerechtigkeit und ewiges Leben geschenkt sind. Denn diesen Glauben will Gott als Gerechtigkeit, die vor ihm gilt, ansehen und zurechnen.«

Luther: »Ein Christenmensch ist ein freier Herr über alle Dinge und niemand untertan. – Ein Christenmensch ist ein dienstbarer Knecht aller Dinge und jedermann untertan. – Gute, fromme Werke machen nimmermehr einen guten, frommen Mann, sondern ein guter, frommer Mann macht gute, fromme Werke. – Ein Christenmensch lebt nicht in sich selber, sondern in Christus und seinem Nächsten: in Christus durch den Glauben, im Nächsten durch die Liebe.« (»Von der Freiheit eines Christenmenschen«, 1520, Münchener Ausgabe, S. 270, 280, 286f.)

Paul Michael Zulehner (kath. Pastoraltheologe in Wien): »Wir sind geliebt – vor aller Leistung und trotz aller Schuld!«

Ich frage: Was bedeutet das heute für uns, und wie können wir heute damit leben?

Durch und in Jesus, dem Christus, erfahren wir, wie bedingungslose Liebe Menschen verwandeln kann. Menschen, die an sich selbst und der Welt verzweifeln, atmen auf und leben auf, wenn sie spüren: »Wir sind geliebt – vor aller Leistung und trotz aller Schuld!« Das Evangelium Jesu, d.h. die frohe Botschaft von der bedingungslosen Liebe Gottes, zieht uns Menschen hinein in ein Leben, in dem wir unsere Hände und Herzen öffnen für die befreiende Liebe Gottes, die wir miteinander teilen.

Durch das Evangelium verwandelt sich damit zugleich unser Bild von Gott. Aus einem »höheren Wesen«, das in den Himmeln thront, uns Menschen gnadenlos überwacht und überfordert, wird der Vater, der dem »verlorenen Sohn« mit den weit geöffneten Armen seiner Liebe entgegeneilt und ihn an sein Herz zieht; wird der Weinbergbesitzer, der jedem gibt, was er zum Leben braucht, auch wenn viele seine Großzügigkeit nicht verstehen.

Und was ist der Auftrag der Christen, der Leute des Messias? Die Tür zu öffnen und aufzuhalten zum »Festmahl der Liebe Gottes«, Menschen zu suchen und einzuladen, damit sie erfahren (wie Maria): »Du bist voll der Gnade, der Herr ist mit dir!«, die befreienden und heilenden Worte des Evangeliums in die Herzen der Menschen zu rufen und mit ihnen die Wunder- und Bundeszeichen der Liebe und Treue Gottes zu feiern, die Taufe und das Abendmahl – »schmecket und seht, wie freundlich der Herr ist!« Wir leben »allein von seiner Gnade«, aber niemals für uns allein!

2.3 Sola fide (allein durch den Glauben) – was wird uns dazu von den Reformatoren gesagt?

Luther: »An Gott glauben heißt ein solch Herz gewinnen, das groß und unverzagt wird wider alles, das der Teufel und die Welt vermag: Armut, Unglück, Schand und Sünd dazu.« (Das Johannes-Evangelium, hrsg. von E. Mülhaupt u. E. Ellwein, 1977, 381)

»Einen Gott haben, heißt, eine Zuflucht haben in allen Nöten. Also, dass einen Gott haben nichts anderes ist, als ihm von Herzen

glauben und vertrauen. Denn die zwei gehören zusammen: Glaube und Gott. Woran du nun dein Herz hängst und worauf du dich verlässt, das ist eigentlich dein Gott!« (Großer Katechismus, Auslegung des 1. Gebots)

»Lerne Christus, und zwar den Gekreuzigten. Lerne ihm lobsingen und an dir selber verzweifeln und sprechen: Du, Herr Jesus, bist meine Gerechtigkeit, ich aber bin deine Sünde. Du nahmst an dich, was mein war, und hast mir gegeben, was dein ist. Du hast an dich genommen, was du nicht warst, und hast mir gegeben, was ich nicht war.« (Brief an G. Spenlein, in: H. Fausel, Die Reformation im Kampf um Evangelium u. Kirche, 1955, 52)

Ich frage wieder: Welchen Raum und welchen Stellenwert hat dieser Glaube heute in unserer Kirche? Wie wachsen überhaupt heute bei uns Menschen in diesen Glauben hinein und welche Hilfen finden sie für das Wachsen in diesem Glauben?

Die Gemeinschaft der Glaubenden braucht die Fragenden und die Zweifelnden, um in den eigenen Antworten und Sicherheiten nicht zu erstarren, braucht »die Mühseligen und Beladenen«, damit die Leute des Messias die Kraft ihrer Liebe entfalten können. Sie braucht die Gaben und Talente von vielen, um auf vielfältige Weise Gott und den Menschen zu dienen.

In der Gemeinschaft der Glaubenden sollen Menschen Nahrung und Stärkung finden für Leib und Seele, Gemeinschaft, die trägt und hält »im Leben und im Sterben«, Räume und Zeiten für Stille und Gespräch und für die Feier des Lebens und des Glaubens, Menschen, die einander Mut machen, weiter zu sehen und weiter zu gehen. »Allein der Glaube« kann Menschen aus der Enge in die Weite führen, aber glauben kann man nie allein!

2.4. Sola scriptura (allein die Schrift) – was wird uns dazu von den Reformatoren gesagt?

Luther: »Denn so gut werden es weder Konzilien und Väter noch wir selber machen, wie es die Heilige Schrift, das ist, wie es Gott selbst gemacht hat. Da wir doch auch Heiligen Geist, Glauben, göttliche Rede und göttliches Werk haben müssen, wenn wir selig werden sollen, müssen wir die Propheten und Apostel lassen auf dem Lehrpult sitzen und wir zu ihren Füßen hören, was sie sagen, und nicht etwa wir sagen, was sie hören müssen.« (Vorrede zur 1. Ausgabe der deutschen Schriften 1539, hrsg. von K. Aland, 1983, 13 f.)

»Die Bibel ist wie ein sehr großer, weiter Wald, darinnen viel und allerlei Bäume stehen, wovon man kann mancherlei Obst und Früchte brechen. Denn man hat in der Bibel reichen Trost, Lehre, Unterricht, Vermahnung, Warnung, Verheißung und Drohung.

Und es ist kein Baum in diesem Wald, woran ich nicht geklopft und ein paar Äpfel oder Birnen davon gebrochen und abgeschüttelt habe. Gibt dir aber ein Bäumlein trotz deines Rüttelns keine Frucht herab, so geh weiter, lüpfe dein Hütlein und sprich: auf ein andermal!« (Tischreden WA 34/II, 674)

Was sollen wir in der Heiligen Schrift suchen? »Was Christum treibet«!

Ist das Lesen in der Bibel, das »Schöpfen aus der Quelle des Lebens«, bestimmend und wesentlich für unser persönliches und unser gemeinsames Christsein?

Ich frage: Ist das Lesen in der Bibel, das »Schöpfen aus der Quelle des Lebens«, bestimmend und wesentlich für unser persönliches und unser gemeinsames Christsein? Oder ist die Bibel, auch wenn sie angeblich das am meisten verbreitete Buch auf dieser Erde ist, für die meisten Christen in unserem Land doch eher ein »Buch mit sieben Siegeln«, das höchstens von den studierten Theologen verstanden und ausgelegt werden kann?

So schön, so prägend und so wegweisend die Übersetzung der Bibel durch Martin Luther (und andere) auch gewesen ist und heute noch ist, das Zutrauen und Vertrauen, selber mit der Bibel umgehen, sie ins eigene Leben übersetzen zu können, ist nur noch wenig verbreitet. Dabei gäbe oder gibt es dafür so viele und so einfache Möglichkeiten, wie z.B. die sieben Schritte des »Bibel-Teilens«. Ich sehe den primären Sinn und Zweck einer christlichen Gemeinde heute eigentlich genau darin: mit anderen danach zu suchen und zu fragen: »was Christum treibet« – in und aus den Büchern der Bibel, unserer »Heiligen Schrift«!

3. Reformation – hinter uns oder vor uns?

Wir sprechen oft von der Reformation, als gäbe es nur die eine im 16. Jahrhundert und als sei damit, wenn nicht alles, so doch das Wichtigste für die Kirche geklärt und abgeschlossen. Was für eine Täuschung ist oder wäre das! Wer den äußeren und inneren Zustand der evangelischen Kirche heute schonungslos anschaut, wird wohl zu einem anderen Urteil kommen. Und – Gott sei Dank! – hat es ja auch in der evangelischen Kirche in den vergangenen Jahrhunderten viele Erneuerungs- und Erweckungsbewegungen gegeben.

Denken wir allein an das 20. Jahrhundert: Die liturgische Bewegung, die nach dem 1. Weltkrieg begann mit der »Berneuchener Bewegung« und der Michaelsbruderschaft (»Wir können nur die Kirche gestalten oder verändern, wenn wir selber Kirche sind!«), den Kirchenkampf in der Zeit des Nationalsozialismus' mit der berühmten Barmer Theologischen Erklärung (»Jesus

Christus, wie er uns in der Heiligen Schrift bezeugt wird, ist das eine Wort Gottes, das wir zu hören, dem wir im Leben und im Sterben zu vertrauen und zu gehorchen haben [...]«), die ökumenische Bewegung, zu der nach dem 2. Weltkrieg auch die evangelische Kirche in Deutschland (in beiden Teilen des Landes) stieß mit ihrem Streiten für die Gemeinschaft der Kirchen und für »Gerechtigkeit, Frieden und Bewahrung der Schöpfung«, die Frauenbewegung mit dem Streiten für die Frauenordination und eine frauengerechte Sprache in der Verkündigung, die Laienbewegung des Kirchentags und schließlich das Bemühen um eine gestaltete Spiritualität und die evangelischen Kommunitäten, die sich parallel zu der Communauté de Taizé (oder inspiriert von ihr) auch in Deutschland gebildet haben.

In den 40 Jahren der deutschen Teilung haben die evangelischen Christen in der ehemaligen DDR eine ganz neue Erfahrung von und mit Kirche gemacht: Die Kirche musste ohne staatliche und gesellschaftliche Anerkennung und Unterstützung leben, ja teilweise sogar im Widerstand gegen das totalitäre System, in dem für Religion kein Platz vorgesehen war, galt sie doch als »Opium des Volkes«. In diesen 40 Jahren ist die evangelische Kirche im Stammland der Reformation zu einer absoluten Minderheit geworden und hat doch – gerade in den Monaten der Wendezeit – eine starke innere Kraft gewonnen und ausgestrahlt, die viel dazu beigetragen hat, dass es zur »friedlichen Revolution« gekommen ist – »mit Kerzen und Gebeten«. Ob, wo und wie diese Erfahrung aber weiterwirken wird, steht noch dahin!

Und – wir sollten als Evangelische nicht vergessen, die Reformen zu würdigen, die in den letzten 50 Jahren in unserer großen Schwesterkirche geschehen sind, ausgelöst durch das 2. Vatikanische Konzil, damals ausgelöst durch die Initiative von Papst Johannes XXIII. Viele Impulse aus der Reformationszeit sind inzwischen längst in der katholischen Kirche aufgenommen worden – der Gottesdienst in der Muttersprache, die Beteiligung der Laien, die grundlegende Bedeutung der Heiligen Schrift, die ökumenische Dimension der Taufe und vieles andere mehr.

Nein, die eine, vollkommene und abschließende Reform gibt es nicht, weder in der evangelischen noch in der katholischen Kirche. Was nottut, ist eine permanente Reformation/Erneuerung – »ecclesia semper reformanda«! Und die beginnt nicht mit irgendwelchen kosmetischen Aktionen, sondern mit inneren Klärungen und Weichenstellungen. Nach meinen eigenen Erfahrungen in meinem 40-jährigen Dienst als Pastor der Ev. Kirche im Rheinland möchte ich zum Schluss die Richtung andeuten, die ich dafür vorschlage, weil ich sie für geboten und notwendig halte.

Den Reformatoren (Martin Luther genauso wie Johannes Calvin) war noch bewusst und selbstverständlich, dass unser Christsein untrennbar verbunden ist mit der Existenz in der Kirche, der Kirche am Ort und der weltweiten Kirche, mit dem Leib Christi zu allen Zeiten und an allen Orten, mit der »Gemeinschaft der Heiligen« (siehe dazu K.A. Bauer, Gemeinschaft der Heiligen – Kommunismus der Liebe, Neuendettelsau 2016, und Peter Bingel, 500 Jahre Reformation und nur Jubel?, Deutsches Pfarrerblatt 3/2017), mit der Teilnahme am Gottesdienst und am sonntäglichen Abendmahl. In der Folgezeit aber sind dieses Bewusstsein und diese Selbstverständlichkeit in der evangelischen Christenheit immer mehr abhandengekommen und einem protestantischen Individualismus, einer rein innerlichen, auf das eigene Ich bezogenen Frömmigkeit oder Geisteshaltung gewichen. Da wird die Kirche nur noch als Institution angesehen, in der Regel verkörpert im Pfarrer (oder der Pfarrerin) vor Ort. Der Sinn und Wert von Kirche wird an ihm (oder ihr) gemessen – eine heillose und gnadenlose Überforderung! Die eigene Berufung zum Christsein wird vergessen oder ist gar nicht mehr im Blick.

Der Apostel Paulus, Kronzeuge für die Wieder-Entdeckung der Gnade in der Reformationszeit, hat im Römerbrief und im 1. Korintherbrief jeweils im 12. Kapitel von der Einbindung des christlichen Lebens in den »Leib Christi« gesprochen, von der Gemeinschaft der Glaubenden im Gebet, in der Verkündigung des Evangeliums, im konkreten Mit- und Füreinander. Dietrich Bonhoeffer hat das in die Formel gebracht: »Christus – als Gemeinde existierend«!

Die frühe Kirche hatte eine kommunitäre Grundgestalt (siehe Apg. 2, 42: »Sie blieben aber gemeinsam in der Botschaft der Apostel, in der Gemeinschaft, im Brotbrechen und im Gebet.«). Diese Form von Kirche konnte so nicht vollkommen erhalten und bestimmend bleiben, als sie zur allgemeinen und herrschenden Staatskirche im römischen Reich wurde und in dessen verschiedenen Fortsetzungen bis in unsere Gegenwart. Aber ohne diese Form, ohne diese innere Mitte, verliert sie sich selbst, ja verliert sie auch »die Gnade«; denn Gottes Gnade ist kein Zustand, kein Besitz, sondern gelebte Beziehung, die praktiziert und kommuniziert werden will.

Was muss sich also reformieren in der »Kirche der Reformation«? Vor allem: Das Bewusstsein vom grundlegenden Charakter der Kirche Jesu Christi, der »una, sancta, catholica et apostolica ecclesia«, der einen, heiligen, weltweiten, und apostolischen Kirche, die nicht nur eine Beigabe zum Glauben ist oder eine Institution zur Aufrechterhaltung des Glaubens, sondern nach dem apostolischen Glaubensbekenntnis ein zentraler Gegenstand des Glaubens. Diese Kirche hat sehr viele verschiedene Dimensionen, von der Gemeinschaft der Zwei oder Drei bis hin zur großen Ökumene.

Was die Wiedergewinnung von geistlicher Gemeinschaft unter Christen betrifft, so hat der Pietismus dafür immer wieder neue Formen und Gestalten geschaffen. In unserer Zeit stellen die vielen neu entstandenen evangelischen Kommunitäten ein Element der Erneuerung dar, das der evangelischen Kirche so oft fehlt. Sie sind Beispiele für die verbindliche Lebensnähe von Christen zueinander in Verbindung mit immer neu geformtem gemeinsamen geistlichem Leben. Sie können auch die »Kirche am Ort« inspirieren, damit dort endlich gelebt werden kann, was in der Reformationszeit gelehrt und gepriesen, aber später in der evangelischen Christenheit kaum oder nur an wenigen Orten praktiziert wurde: das allgemeine, gemeinsame und gegenseitige Priestertum aller Glaubenden.

Oskar Greven (*1950) lebt als Pfarrer i.R. in Neuwied und war 40 Jahre in verschiedenen Gemeinden und Einrichtungen der Ev. Kirche im Rheinland (u.a. als Dozent am Predigerseminar Bad Kreuznach) tätig.

Deutschland – Lutherland

Warum uns die Reformation noch heute prägt

von Axel Mersmann

Luther – heute immer noch?

Modern und knapp formuliert: Luther ist nach wie vor »in«.

Davon zeugen nicht nur der anhaltende Besucherstrom Richtung Wartburg, sondern auch zahllose Publikation, angefangen von der zigsten wissenschaftlichen Fachveröffentlichung bis hin zu Schmankerln wie »futtern wie bei Luthern«, vor allem aber auch der anhaltende Verkaufserfolg etwa der Playmobilfigur »Luther«, natürlich in schwarzem Lutherrock samt Bibel und Lutherrose. Luther also immer noch präsent selbst in deutschen Kinderzimmern – und das beinahe 500 Jahre nach seinem Tode.

Luther immer noch – warum eigentlich?

Kaum zu glauben, sollte man meinen, auch trotz des Reformationsgedenkens, zumal sich die Kirchen unisono redlich darum mühen, inhaltlich zeitgemäß und mit aller »political correctness« damit umzugehen und bei der Gelegenheit auch gerne einmal kritische Worte hinsichtlich Werk und Wirkung des so hartnäckig unvergessenen Reformators wagen. Und wer wollte in der Tat leugnen, dass manche Äußerungen Luther für uns heute schwer erträglich sind? Der Präses unserer Rheinischen Kirche brachte es damit beim Thema »Luther und die Juden« immerhin auf die Titelseite der »Westdeutschen Zeitung« samt ihren regionalen Ablegern.

Die entsprechende Schlagzeile einschließlich groß abgelichtetem Konterfei des passend grämlich dreinblickenden aktuellen leitenden Kirchenmannes scheint der Popularität des unverwüstlichen Doktor Martinus jedoch keinen Abbruch getan zu haben: Die Playmobilfiguren verkaufen sich weiterhin und selbst wenn der hammerhallende Thesenanschlag an Wittenbergs ehedem hölzerner Schlosskirchentür mittlerweile historisch in Zweifel gezogen wird, so dient er doch nach wie vor werbewirksam zur Einladung für so manche Ausstellung, manchem »Event« zur Jubiläumsfeier.

»Deutschland – Lutherland« also nach wie vor? Kaum zu glauben, wenn man bedenkt, dass wir von einem Menschen reden, der lange vor der Einführung der Kartoffel lebte, einem Menschen, dessen ganz konkrete Lebensumstände uns allen gemütvollen Schilderungen zum Trotz mindestens so fremd sein

dürften wie die der meisten Flüchtlinge, bevor sie auf abenteuer-
lich-gefahrvollsten Wegen zu uns gelangt sind.

Anders gewendet: Was musste geschehen, damit uns eine
Gestalt irgendwo aus dem Übergang zwischen Mittelalter und
Neuzeit so geläufig scheint wie kaum eine zweite aus der Welt-
geschichte?

Reicht als Antwort: »Der hat doch die Bibel ins Deutsche übersetzt!«.

Nicht nur Christine Eichel, Autorin des für uns titelspenden-
den Essays, lässt keinen Zweifel: Luther hat unseren Volscha-
rakter eben nachhaltig geprägt, einschließlich des unverdrosse-
nen Hanges zum Sparen, sagte er doch nachweislich: »Der
ersparte Pfennig ist redlicher als der verdiente.« Der Kommentar
der lutherischen Pastorentochter Angela Merkel angesichts der
Nullzinspolitik der EZB steht noch aus. Doch wie auch immer
wir zum Verhältnis von Sparen und Verdienen stehen: Tiefer geht
ihr Hinweis auf die Heiligung des Alltags, an der Luther keinen
Zweifel lässt. Christliche Existenz umfasst das ganze Leben oder
ist eben nicht christlich. Punkt. Das prägt zweifellos bis heute:
Nach Luther lassen sich die Zehn Gebote eben nicht aufspalten in
die ersten drei, vormals gern »evangelische Räte« genannt und
den Mönchen vorbehalten, und die restlichen sieben, übrig für
das gemeine Volk, sprich uns. Das »Priestertum aller Gläubigen«
mutet uns die kompletten Zehn zu und ruft in Gänze unter anderem zu sozialer Verantwortung.

Doch noch einmal zurück zum wohl nachhaltigsten Werk des
vermutlich etwas sächselnden Theologen und Altsprachlers Luther, seiner Bibelübersetzung: Das Besondere daran ist eben nicht
die Übersetzung als solche, sondern das »Wie«: Luther hat »kom-
piliert« im besten Sinne. Er hat in den verschiedenen deutschen
Sprachunterfamilien nach der eingängigsten und sinnvollsten
Wiedergabemöglichkeit für die alt- und neutestamentlichen Texte
gesucht und diese mit fast traumwandlerischer Sicherheit auch
gefunden. Das wirkt bis heute. Oder kennt jemand tatsächlich
einen besseren Vorschlag als »Der Herr ist mein Hirte. Mir wird
nichts mangeln.«?

Keine Frage: Luther hat entscheidend zum Entstehen einer
einheitlichen deutschen Sprache und damit sicher auch von so
etwas wie einem deutschen Nationalgefühl beigetragen.

Oder kennt jemand tat-sächlich einen besseren Vor-schlag als »Der Herr ist mein Hirte. Mir wird nichts mangeln.«?

Ein wenig »Wirkungsgeschichte«

Dabei ging es seinen Nachfolgern zunächst für sie naheliegend
um Anderes: Die heute so genannte »lutherische Orthodoxie« fei-

erte ihn als gleichsam gottgesandten unfehlbaren Lehrer, als so
etwas wie einen zweiten Mose, nicht ohne den eigennützigen Hin-
tergedanken, so die eigenen Lehrgebäude jeglicher Kritik zu entziehen – und dies, obwohl der Reformator die menschliche Vernunft zwar hoch schätzte, aber gerade im Blick auf die Fähigkeit
des rechten Vernehmens der göttlichen Botschaft durch den Menschen wegen seiner Sündhaftigkeit von grundsätzlicher Skepsis
durchdrungen blieb. Selbst wenn Gottes Geist einem jeden frommen Christen den Inhalt der Schrift erschließt, ermächtigt er ihn
keineswegs zur Formulierung von allein wahren Glaubensregeln.
Nicht umsonst knüpfte hier der pietistische Recours auf die Bedeutung der persönlichen Frömmigkeit, auf die gläubige »Persön-
lichkeit« an. Konsequent begann man sich jetzt für Luthers Leben,
für seine konkreten »Umstände« und damit auch Lebensweishei-
ten zu interessieren.

Dieser Ansatz ist bis heute nicht aus der Mode gekommen, wie
die verschiedenen Sammlungen von Luthers Lebens- und Glau-
bensweisheiten beweisen.

Sie reichen vom bereits erwähnten »ersparten Pfennig«, der
angeblich »redlicher« ist »als der erworbene« über »Ehrgeiz und
Geldgeiz sind beides Geiz, einer so unrecht wie der andere« bis
hin zu Sympathieträgern wie »das Evangelium kann nicht ohne
Humor gepredigt werden« oder – tatsächlich erstaunlich modern: »Sollen wir Kinder ziehen, so müssen wir auch Kinder mit
ihnen werden«. Nicht zu vergessen: »Ärzte sind unseres Herr-
gotts Menschenflicker«. Ob`s gefällt oder nicht: Luther wird
gleichsam zum Mann für alle Fälle, zum Allrounder in Sachen
Lebensweisheit. Da ist der Weg zur Anerkennung als zeitunab-
hängiges Genie nicht weit. Der Philosoph, Theologe und Weimarer Oberkirchenrat Johann Gottfried Herder hat Luther denn
auch entsprechend betitelt. Ganz im Sinne des klassizistischen
Heldenideals wird der frühere Augustinermönch Luther so aller
Zeitverhaftungen ledig gesprochen und zum Durchbrecher aller
Reste von unvernünftigen Glaubensbanden verklärt. Luther wird
zur menschlichen Initialzündung der religiösen Aufklärung. Der
Schützling des sächsischen Kurfürsten und Mitbegründer des
später so umstrittenen »landesherrlichen Kirchenregiments« erscheint beinahe als Begründer der strukturfreien Gottesunmittel-
barkeit des Menschen. Zu Beginn der Französischen Revolution konnte man Luther so noch übernational feiern.

Im Gefolge der Freiheitskriege gegen Napoleon und im an-
schließenden geistigen Widerstand gegen die landesfürstliche Reaktion lag es dann nahe, das Genie Luther zum nationalen Heros,
zum Künder der Freiheit deutscher Nation umzudeklarieren.

Spätestens hier laufen Luther- und Reformationsgedenken in eins: Das Wartburgfest von 1817 wird zum Protest nationaler Freiheitlichkeit gegen die autoritäre Kleinstaatlichkeit deutscher Fürsten. »Ein feste Burg ist unser Gott« wird gleichsam zur heimlichen Hymne derer, denen »Deutschland, einig Vaterland« eine Herzensangelegenheit ist. Wer da in ein anderes Horn blies, blieb gefühlsmäßig ziemlich allein, zumindest zu Lebzeiten. Nietzsche etwa:

»Luther war ein Verhängnis für die Menschheit, denn er kam, als die Renaissance eben sogar das Papsttum erobert hatte und das Leben daran war, mit dem Christentum stillschweigend aufzuräumen. Und Luther stellte die Kirche wieder her. Ach, diese Deutschen.«

Keine Frage: Nietzsche sieht in Luther trotz aller Kritik ein Genie im eben erwähnten klassizistischen Sinn: Für ihn gibt es eben doch »die Menschheit« und in ihr Gestalten, die »kommen«, sie zu prägen. Gut für Nietzsche, dass er die schlimmsten Auswüchse nationalistischer Vereinnahmung von Reformation und Reformator nicht mehr bewusst miterleben musste. Im sogenannten »Kulturkampf« Bismarcks gegen die katholische Kirche in den 70er und 80er Jahren des 19. Jahrhunderts wurde Luther zur »deutschen Eiche«, zum Sinnbild dafür, dass die Deutschen eben nichts außer Gott im Himmel zu fürchten hätten. Wen wunderts da, dass im Jahre 1917 nach drei Jahren Weltkrieg bei den Reformationsfeiern Luther in trauter Zweisamkeit mit Feldmarschall von Hindenburg trotzig fast der ganzen Welt ins feindliche Auge blickte.

Luther samt Reformaton – und jetzt?

Heutzutage, mehr als einen weiteren Weltkrieg später, sind auch deshalb die evangelischen Kirchen beinahe krampfhaft darum bemüht, den »ökumenischen« und natürlich gänzlich unnationalistischen Charakter des diesjährigen Reformationsgedenkens heraus zu stellen, zumal: Es soll ja nicht beim bloßen Gedenken, beim »es war einmal und kommt nicht mehr« bleiben, sondern Signal zum Aufbruch, mindestens zur Erneuerung von Kirche und Gesellschaft im Sinne von weltoffenem, solidarischem Miteinander sein. Hier wurzelt wohl auch die manchmal bemüht wirkende Distanzierung von der Gestalt Martin Luthers, obwohl niemand Geringeres als Thomas Mann uns 1945 ins Gedächtnis rief: »Nichts gegen die Größe Martin Luthers! Er hat nicht nur durch seine gewaltige Bibelübersetzung die deutsche Sprache erst recht geschaffen, die Goethe und Nietzsche dann zur Vollendung führten, er hat auch durch die Sprengung der scholastischen Fes-

seln und die Erneuerung des Gewissens der Freiheit der Forschung, der Kritik, der philosophischen Spekulation gewaltigen
Vorschub geleistet. Indem er die Unmittelbarkeit des Verhältnisses des Menschen zu seinem Gott herstellte, hat er die europäi-
sche Demokratie befördert, denn ›jedermann sein eigener Priester‹, das ist Demokratie. Die deutsche idealistische Philosophie,
die Verfeinerung der Psychologie durch die pietistische Gewis-
sensprüfung, endlich die Selbstüberwindung der christlichen
Moral aus Moral, aus äußerster Wahrheitsstrenge – denn das war
die Tat (oder Untat) Nietzsches -, dies alles kommt von Luther.«

Natürlich könnte man hier theologisch wie philosophisch einige kritische Anmerkungen machen.

Andererseits: Was hindert uns, Thomas Manns Worte als ge-
neröse Einladung zu einem gesunden Selbstbewusstsein im Umgang mit dem, was eben nicht bloße Vergangenheit, sondern bis
heute prägend ist oder zumindest sein könnte, ernst zu nehmen?
Ist es wirklich zu gewagt, uns von der Reformation her als Kul-
turnation zu begreifen, die nicht von ungefähr zum Heimathafen
für so Viele geworden ist, die anderswo vor schier allumfassender
Barbarei und Rebarbarisierung geflohen sind?

Zumindest könnten wir es doch als bleibenden Auftrag begreifen gerade weil wir um die Abgründe eines Missbrauchs unserer Traditionen zugunsten menschenverachtend-unchristli-
cher Ideologien nur allzu genau Bescheid wissen.

Schließlich weiß es beinahe Jeder: Luther und die oft disku-
tierte »Kirchenspaltung« sind nicht voneinander zu trennen. Die
immer wieder inhuman-katastrophalen Folgen derselben lassen
sich ebenfalls nicht leugnen. Doch immerhin: Folgt man den
Überlegungen des Philosophen Hermann Lübbe, dann ist die Toleranz und die mit ihr einhergehende Privatisierung des Glaubens ein »Spaltprodukt« einer der größten dieser Katastrophen,
nämlich des Dreißigjährigen Krieges: Um eine letztlich selbst-
mörderische Dauerauseinandersetzung um Glaubensfragen endlich zu beenden, war es einfach notwendig, jeden »nach seiner
Façon selig werden« zu lassen. Dies hat die Kirchen nicht voller
gemacht, hat auch nicht verhindert, dass Ideologien mit pseudo-
religiösem Charakter Millionen in den Tod trieben.

*Recht verstanden basiert jedoch »Toleranz« auf jenem demüti-
gen Verständnis von Vernunft, das Martin Luther nicht zuletzt in
der Auseinandersetzung mit der humanistischen Hochschätzung des freien Willens aufrecht gehalten hat.*

Luther war eben kein überzeitliches Genie, wollte auch keines
sein. Schon deshalb konnte er noch nicht »tolerant« im eben be-
schriebenen Sinne sein.

*Recht verstanden
basiert jedoch
»Toleranz« auf
jenem demüti-
gen Verständnis
von Vernunft,
das Martin
Luther nicht
zuletzt in der
Auseinander-
setzung mit der
humanistischen
Hochschätzung
des freien
Willens aufrecht
gehalten hat.*

Sein Werk lädt jedoch zu toleranter Selbstbeschränkung und zum offensiven Vertreten derselben ein – gerade heute.

So fragt Benjamin Hasselhorn, immerhin Kurator der »Nationalen Sonderausstellung zum Reformationsjubiläum« in Wittenberg: »Wie lutherisch ist die evangelische Kirche?«, und konfrontiert uns mitten in aller landläufigen Lutherbegeisterung mit einem erstaunlichen Befund: Ausgerechnet auf Plakaten für kirchliche Veranstaltungen zum Reformationsjubiläum kommen weder der Reformator noch das Wort »Reformation« vor! Für ihn wirkt dies »ein wenig wie eine Flucht vor einer Auseinandersetzung mit Luther«, und zwar vor allem im Blick auf sein Vermächtnis für unseren Glauben.

Pointiert fährt er fort: »Ich glaube, dass die Krise des Evangelischen und die Missachtung Luthers zwei Seiten derselben Medaille sind.« Für ihn ist die evangelische Kirche nicht mehr lutherisch in Hinsicht auf »die praktische, konkret gelebte Frömmigkeit.« Diese Frömmigkeit besteht »aus vier einfachen Grundprinzipien: Gottvertrauen, Hoffnung auf Gnade, Gewissensernst und Mut zum Bekenntnis«. Kann es sein, dass die Verantwortungsbereiten in unserer Öffentlichkeit genau diesen Mut von uns erwarten? Oder gehen Überlegungen wie diese zu weit, lassen gar den Verdacht aufkommen, man wolle mittels Bekenntnisfreudigkeit den dringend notwendigen Dialog in einer pluralen Gesellschaft vermeiden.

Die Bandbreite der Veröffentlichungen gerade auch im nichtkirchlichen Bereich weisen jedoch in eine erfreulich andere Richtung: Die Notwendigkeit eines konstruktiven Beitrages der Kirchen zur Festigung und Weiterentwicklung einer demokratisch geprägten Gesellschaft steht ebenso außer Frage wie die Erkenntnis, dass diese Beiträge auf einer fortlaufenden produktiven Auseinandersetzung mit ihren Bekenntnistraditionen fußen müssen.

Die »ecclesia semper reformanda« muss aller Welt stets die Prinzipien ihres fortlaufenden Wandels verdeutlichen, wird dazu aber offensichtlich auch gern eingeladen – sicher auch, weil »Kirche«, sofern sie sich nicht selbst aus ihr zurückzieht, nach wie vor prägend zu unserer Gesellschaft gehört.

Axel Mersmann, (*1964), ist Mitglied des Rates der Evangelischen Michaelsbruderschaft und Pfarrer der Ev. Kirche im Rheinland. Er lebt in Remscheid.

Abschied von Luther?

Anmerkungen zum Reformationsjubiläum 2017

von Thomas Martin Schneider

An Martin Luther kommt man derzeit nicht vorbei. Er begegnet uns überall: als niedliche Playmobil-Figur oder als ein Meter großes Kunstobjekt aus kobaltblauem, moosgrünem, purpurrotem, schwarzem oder bronzefarbenem Kunststoff, auf der Titelseite von Magazinen am Zeitungskiosk, als Gegenstand oder zumindest Werbeträger unterschiedlicher Events, seriöser oder weniger seriöser Bücher, in Funk und Fernsehen und in den neuen Medien, im Museum, im Musical und im Theater. Der Hype um diesen Megastar der Weltgeschichte, dessen tatsächlichem oder vermeintlichem Thesenanschlag am 31. Oktober 2017 bundesweit ausnahmsweise ein Feiertag gewidmet ist, ist in dieser Form und in diesem Ausmaß wohl einzigartig. Wie werden Luther und die von ihm ausgegangene Reformation, abgesehen von vordergründigen kommerziellen und touristischen Interessen, wahrgenommen und rezipiert? Dazu zunächst drei schlaglichtartige Beispiele aus dem kirchlichen Bereich aus der Perspektive eines Kirchenhistorikers:

1. Das evangelische Magazin »chrismon« brachte in seiner Ausgabe vom September 2015 unter dem Titel »Luther reloaded« eine achtseitige Fotostrecke über »Menschen aus aller Welt, die dem Reformator verdammt ähnlich sind«. Im Inhaltsverzeichnis wurde diese Fotostrecke bereits wie folgt angekündigt: »Geht weiter – Bloggerin. Bürgerrechtler. Künstlerin. Kulturschmuggler. Martin Luther wäre stolz auf sie«. Konkret ging es u.a. um den inhaftierten, gefolterten saudi-arabischen Blogger Raif Badawi, der sich, wie es in dem Magazin hieß, verstanden fühlt durch den Satz: »Säkularismus ist die Lösung«, oder um Nadeschda Tolokonnikowa von der russischen Punkband »Pussy Riot«, die wegen der Verletzung religiöser Gefühle zu zwei Jahren Lagerhaft verurteilt worden war, oder um die südafrikanische Frauenrechtskämpferin Dawn Cavanagh, die sich für die Rechte von lesbischen und bisexuellen Frauen einsetzt. Man sollte zweifellos den Mut solcher Persönlichkeiten bewundern und empathisch sein im Blick auf ihre Schicksale, man mag zudem mit ihren Zielen sympathisieren, aber es fragt sich doch, ob der historische Luther wirklich stolz auf sie gewesen wäre. Der Begriff Säkularismus dürfte Luther unbekannt gewesen sein; der

Der Begriff Säkularismus dürfte Luther unbekannt gewesen sein.

Sache nach hätte er als Theologe heftig widersprochen. Von einem Aufstand, wie etwa dem der Bauern, hielt er bekanntlich wenig, und das hätte sicher auch für einen »Pussy Riot« gegolten. Homosexualität und Bisexualität von Frauen waren für Luther kein Thema; jedenfalls aber hatte er ein ganz traditionelles Ehe- und Familienverständnis.

2. Geradezu demonstrativ unbekümmert im Hinblick auf den historischen Luther zeigte sich die EKD-Reformationsbotschafterin Margot Käßmann in einem Beitrag für die Zeitschrift »Politik & Kultur« (5/2012) mit der Überschrift: »Im Kontext unserer Zeit. Das Reformationsjubiläum 2017 und die politische Dimension des Freiheitsbegriffes«. Gleich zu Anfang hieß es dort: »Reformationsjubiläen waren stets von ihrem Kontext geprägt. Was zeigt sich schon heute als das Besondere am Jubiläumszeitpunkt 2017?« Sodann ging die Autorin auf aktuelle Problemfelder ein: die »Ökumene«, insbesondere mit dem römischen Katholizismus, den »Dialog der Religionen«, insbesondere mit Juden und Muslimen, »Frauen« im Pfarr- und Bischofsamt u.a. Der Beitrag endete mit der Aufforderung: »Das Reformationsjubiläum 2017 muss auch die politische Dimension des reformatorischen Freiheitsbegriffs aufzeigen. Es wird darum gehen, das Jubiläum bewusst im Kontext unserer Zeit zu feiern. Das wird spannend.« Luther ging es vor allem um die theologische und gerade nicht um die politische Dimension des Freiheitsbegriffs, um die strenge Unterscheidung von weltlichem und geistlichem Regiment; und als Wegbereiter der Ökumene mit dem römischen Katholizismus, des Dialogs der Religionen oder der Frauenordination – alles wichtige und unterstützenswerte Anliegen – wird man ihn wohl kaum in Anspruch nehmen können, eher im Gegenteil.

3. Stärker noch als Käßmann forderte der Generalsekretär der Evangelischen Akademien in Deutschland, der Soziologe Klaus Holz, in einem Beitrag für die Wochenzeitung »Die Zeit« mit dem Titel »Luthers Abweg« (49/2016, S. 21) eine erneute Politisierung des Protestantismus. Dies sei anlässlich des Jubiläums 2017 paradoxerweise die notwendige »Antwort auf die hochpolitischen Luther-Jubiläen 1883, 1917, 1933«. Zwar habe sich »die evangelische Kirche, wenn auch nicht ihre Mitglieder, in den letzten Jahrzehnten von der Judenfeindschaft« Luthers gelöst, jedoch müsse »nun der nächste Schritt folgen«. Es gelte, die auf Luther zurückgehende enge »Verzahnung von ›deutsch‹ und ›protestantisch‹, von ›national‹ und ›religiös‹« kritisch aufzuarbeiten und zu klären, »was die Grundlage einer Politik ist, die sich nicht

durch Antisemitismus, Nationalismus, Rassismus und religiöse Feindschaft ihrer selbst vergewissert«. »Angesichts der fundamentalsten Krise der europäischen Einigung wie der demokratischen Kultur seit 1945, angesichts der populistischen Erosion liberaler wie konservativer Milieus wäre das«, so schlussfolgerte Holz, »eine protestantische, öffentliche Theologie des Pluralismus und der Demokratie zur rechten Zeit.« Luther und sein Denken dienten Holz im Grunde ausschließlich als Negativfolie. Sich von dem Judenhass Luthers nicht nur zu distanzieren, sondern angeekelt abzuwenden, müsste heutzutage in der Tat eine Selbstverständlichkeit sein. Jedoch sollte man nicht übersehen, dass Luther – was ihn keineswegs entschuldigt – diesen Judenhass mit prominenten Vertretern ganz anderer Richtungen teilte. Man denke etwa an seine Widersacher Johann Eck aus dem altgläubigen und Erasmus von Rotterdam aus dem reformkatholisch-humanistischen Lager oder an Aufklärer wie Voltaire oder etwa auch an so manchen Vertreter des Marxismus. Außergewöhnlich für ihre Zeit waren eher Luthers judenfreundliche Äußerungen in seiner Schrift von 1523 »Dass Jesus Christus ein geborener Jude sei«. Erst recht dürfte es überzogen sein, wenn man Luther gleichsam zum Urheber des Nationalismus bzw. der engen Verzahnung von »national« und »religiös« stilisiert. Neonationalismus und Rechtspopulismus sind doch keineswegs Phänomene, die für vom Luthertum geprägte Länder besonders typisch wären – man denke etwa an vom Katholizismus geprägte Länder wie Polen und Österreich oder an von der Orthodoxie geprägte Länder wie Russland und Serbien oder an die calvinistisch geprägten Niederlande, das anglikanisch geprägte England oder das laizistische Frankreich. Auch dass der Populist Donald Trump zum Präsidenten der USA gewählt wurde, liegt wohl eher weniger an der dortigen lutherischen Minderheit. Bemerkenswert ist, dass Holz sich offenbar auch von fundamentalen Einsichten der reformatorischen Ekklesiologie verabschiedete, wenn er nämlich, wie oben zitiert, das Verhalten »der evangelischen Kirche« dem »ihrer Mitglieder« gegenüberstellte.

Erst recht dürfte es überzogen sein, wenn man Luther gleichsam zum Urheber des Nationalismus bzw. der engen Verzahnung von »national« und »religiös« stilisiert.

Allen drei Beispielen gemeinsam ist der absolute Primat aktueller politischer Anliegen – die man durchaus teilen kann – und ein merkwürdiges Desinteresse am historischen Luther und seinen theologischen Anliegen, wenn nicht sogar eine dezidierte Abneigung. Im ersten Beispiel fungierte sein berühmter Name lediglich noch als Chiffre, um eigenen politischen Forderungen Nachdruck zu verleihen. Allenfalls Luthers fraglos renitenter Charakter spielte noch eine gewisse Rolle, wobei zu bedenken ist, dass einen renitenten Charakter auch solche Menschen haben können, die für Ziele eintreten, die denen der genannten Personen diametral entgegengesetzt sind. Beispiel 1 erinnert an den viel zitierten Satz von Johann Wolfgang von Goethe aus dem Jahre 1817: »Denn, unter uns gesagt, ist an der ganzen Sache [sc. der Reformation] nichts interessant als Luthers Charakter und es ist auch das Einzige, was der Menge eigentlich imponiert. Alles Übrige ist ein verworrener Quark, wie er uns noch täglich zur Last fällt.« (Goethe-WA-IV, 27, S. 7848) In dem ganz auf den heutigen Kontext bezogenen Beispiel 2 wird die Unbekümmertheit im Hinblick auf den historischen Kontext, wie gesagt, offen eingeräumt, was immerhin ehrlich ist. Und Beispiel 3 liest sich letztlich wie ein Plädoyer, dass sich die evangelische Kirche von ihrem ›Gründervater‹ endgültig verabschieden soll.

Hat Luther uns heute wirklich inhaltlich nichts mehr oder jedenfalls nichts Positives mehr zu sagen? Lohnt es sich nicht mehr, sich mit dem, was ihm selbst wichtig war – und eben nicht bloß mit dem, was uns heute wichtig erscheint –, auseinanderzusetzen? Haben seine hasserfüllten Äußerungen über Juden, Türken und den Papst gar sein gesamtes Denken desavouiert? Zeitgenossen Luthers wie Erasmus, der das Judentum wiederholt als »Pest« bezeichnete, scheinen es heute leichter zu haben; jedenfalls wüsste ich nicht, dass man die nach Erasmus benannten renommierten europäischen Bildungsprogramme umbenennen will.

In seiner großen Auseinandersetzung mit Erasmus um den freien Willen lobte Luther seinen Kontrahenten zunächst, weil dieser erkannt habe, warum es eigentlich gehe. Luther schrieb 1525 in »De servo arbitrio/Vom unfreien Willen«, seiner Gegenschrift gegen Erasmus' Abhandlung »De libero arbitrio/Vom freien Willen« von 1524, in der dieser Luther angegriffen hatte: »Dann lobe und preise ich dich auch deswegen außerordentlich, dass du als einziger von allen die Sache selbst angegangen bist, das heißt: den Inbegriff der Verhandlung, und mich nicht ermüdest mit jenen nebensächlichen Verhandlungen über das Papsttum, das Fegfeuer, den Ablass und ähnliche Verhandlungsgegenstände – oder vielmehr: dummes Zeug –, mit denen mich bisher fast alle vergeblich verfolgt haben. Nur du allein hast den Dreh- und Angelpunkt der Dinge gesehen und den Hauptpunkt selbst angegriffen, wofür ich dir von Herzen Dank sage.« (Martin Luther. Lateinisch-deutsche Studienausgabe, Bd. 1, Leipzig 2006, S. 659) Noch 1537 bewertete Luther seine Schrift gegen Erasmus als seine wichtigste Schrift neben den Katechismen (WA Br 8, S. 99). Der Streit zwischen Erasmus und Luther um die Willensfreiheit ist als das große geistesgeschichtliche Ringen zwischen Renaissancehumanismus und Reformation in die Geschichte eingegangen. Der im Rufe eines Königs der Humanisten stehende Erasmus galt als Kritiker der katholischen Kirche und bisweilen auch als Sympathisant der Reformation. Er selbst bemühte sich lange Zeit, eine gelehrte Position über den Parteien einzunehmen. Wie die altgläubige Seite ihn bedrängte, sich klar zum Papsttum zu bekennen, versuchte die reformatorische Seite, ihn auf ihre Seite zu ziehen und für ihre Sache zu gewinnen. Mit seiner Schrift gegen Luther positionierte Erasmus sich deutlich im altgläubigen Lager. Das war für ihn auch eine Art Befreiungsschlag gegenüber zunehmenden Verdächtigungen von Seiten der Papstkirche.

Erasmus' zentrale These lautete: Es gebe einen freien Willen, d.h. eine Kraft des menschlichen Wollens, durch die sich der Mensch dem zuwenden oder von dem abwenden kann, was zum ewigen Heil führt. Der freie Wille des Menschen wirke aber nur ganz minimal beim Heil mit; ohne die natürliche, anspornende, unterstützende und vollendende Gnade Gottes, die das weitaus meiste beim menschlichen Heil bewirke, könne der Mensch nichts tun. Er müsse deshalb alles Gott zuschreiben und nichts seinem eigenen freien Willen. Hintergründe dieser – synergistischen – Position des Erasmus waren einerseits seine optimistische Anthropologie, nach der sittliche Anstrengungen des zumindest teilweise autonomen Menschen zur Verbesserung der Welt möglich und nötig sind, andererseits eine Theologie, nach der der gütige und gerechte Gott nichts Böses wirken kann. Luther entgegnete, man könne nicht alles Gott zuschreiben und trotzdem den freien Willen des Menschen retten wollen. Der freie Wille sei nur ein leerer Begriff; alles hänge von der freien Gnade Gottes ab. Der Mensch sei ein Reittier, das entweder von Gott oder vom Teufel geritten werde und selbst keinen Einfluss darauf habe, von wem es geritten wird. Wichtig ist, dass Luther dies nur für die Gott-Mensch-Beziehung (coram Deo) so scharf formulierte; in untergeordneten weltlichen bzw. zwischenmenschlichen Dingen (coram mundo/hominibus) ließ er durchaus einen freien menschlichen Willen gelten; Luther war also kein Determinist. Hintergrund der – prädestinatianischen – Position Luthers war eine Theologie, die von der Freiheit, Unverfügbarkeit, Souveränität und Allmacht Gottes ausging, der, so Luther, in der Tat mitunter viel Zorn und Ungerechtigkeit an den Tag lege und uns dann als in seiner Majestät verborgener Gott (Deus absconditus) gegenübertrete. Hier wusste Luther nur den einen Rat, nämlich sich an den im Evangelium geoffenbarten Gott (Deus revelatus) – es ist paradoxerweise derselbe wie der verborgene – zu halten, wie er sich in Jesus Chris-

Wirklich gerechtfertigt und frei kann der Mensch nach Luther nur sein, wenn ihm die Sache des Heils ganz aus der Hand genommen worden und ganz bei Gott aufgehoben ist.

tus gezeigt habe, der eben nicht den Tod des sündigen, d.h. von Gott getrennten Menschen, sondern das Leben wolle. Es gelte letztlich, so Luther, paradoxerweise zu glauben, dass Gott gut sei, wenn er auch alle Menschen verdürbe. Mit Luthers theozentrischem Ansatz korrespondierte eine pessimistische Anthropologie, die von der Sündhaftigkeit und Erlösungsbedürftigkeit des Menschen ausging. Luthers radikale Aussagen über die menschliche Willensfreiheit, die eine politische Ethik coram mundo keineswegs ausschließen, sind nur verständlich als Konsequenz seiner Rechtfertigungslehre: Wirklich gerechtfertigt und frei kann der Mensch nach Luther nur sein, wenn ihm die Sache des Heils ganz aus der Hand genommen worden und ganz bei Gott aufgehoben ist. Luther ging es darum, das Gottsein Gottes wieder ernst zu nehmen, das sich der menschlichen Verfügbarkeit entzieht, genau so, wie sich die leid- und freudvollen Kontingenzen des Lebens der menschlichen Verfügbarkeit letztlich entziehen. Gegen alle Selbstüberschätzung und Gottvergessenheit des Menschen schärfte Luther ein, dass Gott und nicht der Mensch im Regimente sitzt und dass Gott nicht so regiert, wie wir Menschen es gerne hätten. Luther stellte im Streit mit Erasmus, dem er im Grunde eine Entmachtung Gottes, zumindest eine Beschneidung seiner Allmacht zugunsten des Menschen oder – umgekehrt – eine Selbstermächtigung des Menschen auf Kosten Gottes vorwarf, in aller Dringlichkeit die Gottesfrage. In den oben analysierten aktuellen drei Beispielen scheint die Gottesfrage kaum noch eine Rolle zu spielen. Für die Beispiele erwiese sich Erasmus vermutlich als deutlich anschlussfähiger als Luther. Das Problem des Judenhasses hätte man freilich auch bei Erasmus. Und ob eine evangelische Kirche, die sich nicht nur von Luther, sondern mit ihm zugleich von der Gottesfrage mehr oder weniger verabschiedet, eine Zukunft hat, kann man bezweifeln, denn für die politischen Ziele der Meinungsfreiheit, der Frauenrechte, des Universalismus etc. kann man sich genauso und vermutlich sogar intensiver einsetzen, wenn man den ganzen alten theologischen »Überbau« abstreift. Die religiöse Frage nach Gott wird die Menschen vermutlich trotzdem mindestens subkutan weiter beschäftigen. Das Reformationsjubiläum zum Anlass zu nehmen, sich wieder mit der Gottesfrage auseinanderzusetzen und die These zu wagen, dass Gott und nicht der Mensch im Regimente sitzt, das wäre spannend.

Thomas Martin Schneider (* 1962), Dr. theol. habil., apl. Prof., ist Akademischer Direktor für Kirchengeschichte und Geschäftsführender Leiter des Instituts für Evangelische Theologie der Universität Koblenz-Landau, Campus Koblenz.

Aus der Geschichte der Reformation in Island

Kristján Valur Ingólfsson

Island, die Insel am Polarkreis, ist spät entdeckt worden. Die ältesten bekannten Spuren von Menschen auf der Insel sind aus dem neunten Jahrhundert. Die Siedler kamen größtenteils aus dem skandinavischen Raum und aus Großbritannien. Diese haben im Jahre 930 ein Parlament gegründet, das im Jahre 1000 beschlossen hat, dass alle Einwohner des Landes zum Christentum getauft werden sollten. So kam es auch, friedlich und ohne Blutvergießen. Viele waren ohnehin Christen gewesen, durch die Einwohner, die aus dem Irischen und schottischen Ländern nach Island kamen. Viele davon allerdings nicht freiwillig, sondern als Sklaven. Im Jahre 1262 kam Island unter die norwegische Krone, aber die Kirche wurde Teil des Erzbistums Nidaros in Norwegen mit der Gründung des Erzbistums im Jahre 1153.

Nach der Gründung der Kalmarer Union der skandinavischen Reiche im Jahre 1397 verblieb Island im norwegischen Teil des dänischen Reiches. Bis ins 16. Jh. hinein stand die katholische Kirche in Island auf sicheren Füßen. Die isländischen Bischöfe hatten einen Sitz im norwegischen Reichsrat.

Wegen der Unruhen in Dänemark (die Grafenfehde 1534–36) beschlossen der Reichsrat und Erzbischof Olaf Engelbriktson in Nidaros (1522–1537), dass die Bischöfe in Island in der Zeit zwischen 1534 und 1537 die Aufgaben eines Statthalters des Königs übernehmen sollten. Dadurch war die Macht der römisch-katholischen Bischöfe in Island im Zeitraum der Reformation außerordentlich groß.

Es bestanden gute Verbindungen zu anderen Ländern Europas, hauptsächlich Norwegen, Dänemark, Deutschland und England, erstens durch die von Hamburg nach Island verkehrenden Handelsschiffe und zweitens durch diejenigen Isländer, die im Ausland eine höhere Ausbildung anstrebten oder einfach auf Reisen gingen.

Friederike Christiane Koch aus Hamburg, gestorben 2011, hat durch eine Untersuchung über den Aufenthalt von Isländern in Hamburg von 1520 bis 1662 den größten Teil der Isländer, die mit den Schiffen der Hanseaten nach Hamburg gekommen sind, nicht nur namentlich auflisten können, sondern auch die Gründe ihres Aufenthaltes in Hamburg erforscht. (Friederike Christiane Koch, Untersuchungen über den Aufenthalt von Isländern in Hamburg für den Zeitraum 1520-1662, Hamburg 1995)

Die ersten Boten der Reformation in Island waren hanseatische Kaufleute. In Hafnarfjörður (nahe der Hauptstadt Reykjavík) haben sie etwa ab dem Jahr 1530 lutherische Gottesdienste gefeiert und eine Kapelle gebaut, vermutlich im Jahre 1533.

Keine Belege gibt es dafür, dass Einheimische an diesen Gottesdiensten teilgenommen oder dass die Hanseaten Reformationsversuche unternommen hätten. Aber wir wissen, dass Menschen immer neugierig gewesen sind. In der Kleinstadt Hafnarfjördur steht ein großes Denkmal von dem deutschen Künstler Lupus, im Jahre 2003 von den Präsidenten von Deutschland und Island, den Herren Johannes Rau und Olafur Ragnar Grimsson in Anwesenheit des Landesbischofs der Ev.-Luth. Kirche in Island, Karl Sigurbjörnsson in einer Feierstunde enthüllt.

Im Jahre 1533 beschloss das Althing, dass »jeder sich an den heiligen Glauben und an Gottes Gesetz halten soll, welches Gott erlassen hat und unsere heiligen Väter angenommen haben«. Dieser Beschluss war wahrscheinlich gegen die deutschen Kaufleute gerichtet.

Nach mehrjährigen Machtkämpfen gelang es dem zum lutherischen Glauben übergetretenen Herzog Christian im Jahre 1534, König von Dänemark zu werden.

Reformatorische Gedanken hatten schon seit 1520 viele Vertreter in Dänemark gefunden. In Norwegen und Island dagegen hat es keine derart große Reformbewegung gegeben.

Die ersten Studien der lutherischen Lehre in Island, für die es Belege gibt, wurden von Oddur Gottskálksson und dem späteren Bischof Gísli Jónsson in Skálholt getrieben.

Die Übersetzung des Neuen Testamentes und später der ganzen Bibel (erschienen 1584) gilt als nicht nur für die Kirche, sondern auch für die isländische Kultur von großer Bedeutung.

Oddur Gottskálksson (†1556), ein Sohn des römisch-katholischen Bischofs Gottskálk Nikulásson zu Hólar (1498–1520), war Schreiber beim letzten römisch-katholischen Bischof zu Skálholt Ögmundur Pálsson (1521–1541). Er war in Norwegen erzogen worden und hatte sowohl dort als auch in Dänemark und Deutschland studiert und sich die Lehren der Reformation angeeignet. Nach seiner Heimkehr machte er seine engsten Freunde in Skálholt mit der Reformation bekannt und begann die erste Gesamtübersetzung des Neuen Testamentes ins Isländische im Kuhstall in Skalholt, nicht nur, weil er dort ungestört arbeiten konnte, sondern weil es warm war. Diese erste Übersetzung wurde auf Kosten des Übersetzers im Jahre 1540 in Roskilde in Dänemark gedruckt.

Die Übersetzung des Neuen Testamentes und später der ganzen Bibel (erschienen 1584) gilt als nicht nur für die Kirche, sondern auch für die isländische Kultur von großer Bedeutung. Die offizielle Reichssprache war die dänische, und für die dänische

Reformation gab es deshalb keinen Grund, die Bibel in die anderen Sprachen des Reiches übersetzen zu lassen. Nur die dänische Bibelübersetzung in die Hand der Isländer zu legen, hätte möglicherweise den Untergang der isländischen Sprache bedeutet. Man denke dabei an die Entwicklung in Norwegen.

Ein dritter Vorkämpfer der Reformation war Gizur Einarsson (1515?–1548), später der erste lutherische Bischof in Island. Er wurde zuerst von Bischof Ögmundur Pálsson ausgebildet und dann für weitere Studien nach Hamburg geschickt, wo er sich in den Jahren 1531–1534 aufgehalten hat. In dieser Zeit hat er die lutherische Lehre kennengelernt.

Die Kirchenordnung Christians III. erschien im Jahre 1537. Im Jahr darauf wurde sie von dem Statthalter des Königs Klaus von Merwitz dem Allthing in Island vorgelegt, aber sogleich abgelehnt, wobei Bischof Ögmundur vermutlich das letzte Wort hatte. Es folgten ein gewaltsamer Angriff der Soldaten des Königs auf das Viðey-Kloster (nahe Reykjavík) und andere Untaten, die allgemeine Unruhe in der Bevölkerung auslösten.

In dieser schwierigen Situation wählte Bischof Ögmundur seinen früheren Schützling Gizur Einarsson trotz dessen Neigung zu der neuen Lehre zu seinem Nachfolger.

Gizur Einarsson setzte daraufhin im Sommer 1541 die Annahme der Kirchenordnung durch, indem es ihm gelang, die seinem Ruf zur Synode folgenden Priester im Bistum Skálholt die Kirchenordnung, die er selbst ins Isländische übersetzt hatte, akzeptieren zu lassen. Endgültig angenommen wurde die Kirchenordnung ein Jahr später, auf einer Pfarrsynode am 28. Juni 1542. Im selben Jahr, am 3. Oktober 1542, wurde Gizur Einarsson von Bischof Peder Palladius in Kopenhagen ordiniert, der selbst ohne successio apostolica von Johannes Bugenhagen ordiniert worden war.

Nach seiner Rückkehr übernahm Gizur Einarsson das Amt des Bischofs zu Skálholt und setzte sich für die Reformation ein. Da aber keine Reformbewegung vorausgegangen und das Gesicht der Reformation durch Gewalttaten dänischer Soldaten geprägt war, sah die Bevölkerung seine Bemühungen eher skeptisch an. Im ganzen Land waren nur einige Theologen mit der neuen Lehre bekannt, und die Priester waren genauso katholisch wie vorher, wenn auch einige von ihnen ein Lippenbekenntnis zur neuen Kirchenordnung abgelegt hatten. Das Bistum Hólar im Norden des Landes, war unter der Leitung des alten Kirchenführers Jón Arason noch fest in römisch-katholischer Hand.

Außer der formellen Durchsetzung der Kirchenordnung bestand die Hauptaufgabe Bischof Gizur Einarssons in den verlangten Änderungen der überlieferten Messordnung, die er durch seine Übersetzung der Kirchenordnung vorstellen konnte. Die Pflicht, die den Pastoren auferlegt wurde, jeden Sonn- und Feiertag zu predigen, stellte für sie in vielen Fällen eine Überforderung dar. Um ihnen die Aufgabe zu erleichtern, veranlasste der Bischof seinen Freund Oddur Gottskálksson, die Postille des Antonius Corvinus zu übersetzen. Diese Postille sollte jeder Pastor besitzen und, wenn er selbst nicht predigen konnte, daraus vorlesen. Im Allgemeinen ging aber der neue Bischof bei den Änderungen der Messordnung sehr vorsichtig vor. Der Verehrung heiliger Gegenstände setzte er Widerstand entgegen und schrieb in der Angelegenheit einen Brief, dessen Verlesung in den Kirchen zur Pflicht gemacht wurde. Er ermunterte die Pastoren zum Heiraten und tat es auch selbst. Abgesehen von der Übersetzung der Kirchenordnung können seine Einflüsse auf die liturgische Entwicklung nicht belegt werden. In einer Randbemerkung in seiner Vita heißt es, dass zu seiner Zeit in Skálholt die Messe jeden Tag gefeiert wurde, nicht aber in welcher Form. Belegbar ist auch, dass er eine Orgel für die Kirche in Skálholt gekauft und vermutlich auch das Orgelspielen bei der Messe in Skálholt eingeführt hat, obwohl die Quellen es nicht erwähnen. Von weiteren Orgeln in Island zu dieser Zeit wird nicht berichtet.

Allgemeine Begeisterung über die neuen Sitten gab es im Bistum Skálholt zu Lebzeiten Bischof Gizur Einarssons ebenso wenig wie einen organisierten Widerstand gegen die Reformation. Insbesondere die älteren unter den Priestern dachten überhaupt nicht daran, etwas in ihrer Amtsführung zu ändern. Der frühe Tod des Bischofs nach nur sechs bis sieben Amtsjahren hatte auch zur Folge, dass die Reformation sich danach eher rückläufig entwickelte.

Bischof Jón Arason zu Hólar, der seine Aufgabe nicht nur in dem bischöflichen Behüten des alten Glaubens, sondern auch in der Bekämpfung der mit der Einführung der Reformation verbundenen Übermacht des dänischen Königs sah, nutzte die Gelegenheit als einziger Bischof im Lande und versuchte, während der neue Bischof zu Skálholt in Dänemark weilte, die Reformation und die Königsmacht – anfangs auch mit Erfolg – zu bekämpfen.

Er unternahm eine Reise durchs Bistum Skálholt und kurz nach der Heimkehr des neuen Bischofs Marteinn Einarsson nahm er ihn gefangen und brachte ihn nach Hólar. Einige Geistliche im Bistum Skálholt kehrten zum Katholizismus zurück. Das Volk war ohnehin katholisch.

Zwei Jahre später, im Herbst 1550, wurde Bischof Jón selbst von königstreuen Isländern gefangengenommen und nach Skálholt gebracht. Dort wurden er und zwei seiner Söhne ohne Gerichts-verhandlung am 7. November 1550 enthauptet.

Der König aber, der von diesen Ereignissen nichts wusste, schickte im nächsten Sommer Kriegsschiffe nach Island. Sie legten im Norden an, da sie ursprünglich Bischof Jón gefangen nehmen sollten. Die Gesandten des Königs beriefen eine Volksversammlung für Nordisland ein, auf der die Nordländer im Schatten der Kriegsschiffe dem König huldigten. Damit soll die Kirchenordnung im Bistum Hólar angenommen worden sein, was aber nicht zutrifft. Damit war die Reformation formell in ganz Island eingeführt worden. Von einer wirklichen Reformation der Kirche und des Christentums konnte aber kaum die Rede sein.

Die wichtigste Aufgabe der Reformation neben der Herausgabe des Neuen Testamentes und später der Bibel war es, Gesangbücher und Agenden herauszugeben.

So ist im Jahre 1555 ein Buch mit der Messordnung und isländischen Kirchenliedern erschienen, ein Gesangbuch mit Beichtordnung im Jahre 1558, ein Dominicale mit Kollekten und Lesungen für das Kirchenjahr im Jahre 1581, die Bibel 1584, ein neues Gesangbuch 1589 und eine Gesamtagende 1594. Nur die ersten zwei Bücher sind in Dänemark gedruckt, die anderen in Island.

So könnte man sagen, dass Ende des 16.Jh. die Kirche in Island die Prägung einer evangelisch-lutherischen Kirche erhalten hat.

Die wichtigste Aufgabe der Reformation neben der Herausgabe des Neuen Testamentes und später der Bibel war es, Gesangbücher und Agenden herauszugeben.

Ein kurzer Nachtrag:

Die Ev-Luth. Kirche in Island ist immer noch die größte Kirche im Lande mit etwas über 70% der Bevölkerung als Mitglieder. Vor 20 Jahren waren es knapp 90%.

Die Evangelisch-Lutherische Kirche, die im Grundgesetz von 1874 Volkskirche in Island genannt wird, ist bis zum Jahre 1997 Staatskirche in Island gewesen. In diesen letzten 20 Jahren haben wir gelernt, was es heißt, frei vom Staat zu sein und die eigenen Sachen eigenständig und synodal zu regeln.

Aber vorsichtig gesagt sind wir noch in der Lernphase. Wir sind damals auch mit einem sehr ausführlichen Gesetz vom Parlament damals verabschiedet worden, so dass man eigentlich nicht mit Ernst von einer richtigen Selbstständigkeit sprechen kann.

Wir haben eine Landessynode, die einmal im Jahr zusammengerufen wird, wo der Klerus in der Minderheit ist, der Präsident der Synode, die zwei Vizepräsidenten Laien sind und die drei Bischöfe kein Stimmrecht haben. Fragen des Glaubens und der Liturgie müssen aber die Bischöfe und die Pfarrsynode zuerst behandelt und formuliert haben.

Wir haben im Jahre 1907 ein Abkommen mit dem Staat geschlossen, in dem die meisten Ländereien der Kirche dem Staat übertragen wurden. Im Zusammenhang mit dem neuen Gesetz wurde dieses Abkommen revidiert als Grundlage für das Gehalt von insgesamt 138 Pfarrstellen einschließlich der Pröpste und der Bischöfe, des Oberkirchenrates und des Hauptpersonals im Kirchenamt. Die Kirchensteuer von etwa umgerechnet 100 Euro pro Kopf pro Jahr wird vom Staat einkassiert und an die Gemeinden ausgezahlt.

Kristján Valur Ingólfsson (*1947) war Bischof von Skalholt in Island. Er lebt in Skalholt.

Sola Scriptura – vom Lesen der Heiligen Schrift

Von Horst Folkers

Legen wir das Wort »sola« (allein) in »sola scriptura« stark aus, sagen wir also »allein die Schrift« und beziehen wir diesen Gedanken auf die Schriftauslegung, so gelangen wir zu einem berühmten Grundsatz der Schriftauslegung Luthers: Scriptura sui ipsius interpres, das heißt: die Schrift ist ihre eigene Auslegerin. Diesen Grundsatz fand Luther »bereits 1519«[1] und gab ihm »die nachmals klassisch gewordene Fassung: scriptura sacra sui ipsius interpres«[2] – die heilige Schrift (ist) ihre eigene Auslegerin, wie Karl Holl in seiner 1920 vorgetragenen, noch heute maßstäblichen Arbeit »Luthers Bedeutung für den Fortschritt der Auslegungskunst«, ausführt. Gibt es in Glaubendingen eine Streitfrage, kann nur die Schrift entscheiden, wie Luther schreibt, »*ut sit ipsa per sese certissima, facillima, apertissima sui ipsius interpres.*«[3] – da sie selbst durch sich selbst die allergewisseste, leichteste, offenkundigste Auslegerin ihrer selbst ist (WA VII 97, 21 ff.)[4]. Von der Schrift sagt Luther weiter: »per se ipsam et suo spiritu intelligi volo«[5] (WA VII 98, 40) – durch sie selbst (sc. die Schrift) und durch ihren Geist will ich verstanden werden. Und weiterhin: »Alszo ist ein tunkel spruch yn der schrifft, so zweyfelt nur nit, es ist gewißlich dieselbe warheit dahinden, die am

---

[1] Karl Holl, Luthers Bedeutung für den Fortschritt der Auslegungskunst (1920), in ds., Gesammelte Aufsätze zur Kirchengeschichte, Bd. I, Luther, Tübingen: Mohr, 4. u. 5. Aufl. 1927, S. 544-582, hier S. 55923. Diese Arbeit Karl Holls ist auch für die Geschichte der Auslegungskunst, der Hermeneutik von erheblichem Gewicht. Bei Luther fand er den Ursprung des hermeneutischen Zirkels. »Überblickt man [Luthers] Anschauung im ganzen, so sieht man, daß er jetzt bei einem regelrechten *Zirkel* angelangt ist. Abwechselnd nennt er immer das eine als Bedingung für das andere. Man muß den *Geist* haben, um das *Wort* zu verstehen; aber wiederum ist es das Wort allein, das den Geist vermittelt. Durch das *Wort* und nur durch das Wort vermag man in die Sache einzudringen; aber umgekehrt muß man wieder mit der Sache, mit Gott und Christus, in Berührung gekommen sein, um den Sinn des Wortes zu begreifen. [...] es ist *derjenige Kreislauf*, in dem sich *alles Auslegen* [...] unvermeidlich bewegt.«, S. 567[10-21]. Auch heute führt erst diese Deutung des hermeneutischen Zirkels auf die rechte Spur. Es geht nicht allein darum, das Einzelne aus dem Ganzen und das Ganze durch das Einzelne zu verstehen, sondern darum, das einzelne Wort von seinem Geist her, den Geist aber durch nichts als das einzelne Wort oder die einzelnen Worte hindurch zu verstehen, sodass nicht die Gleichartigkeit der Prinzipien den hermeneutischen Zirkel bestimmt, sondern ihre Ungleichartigkeit. Was ich nicht fühle, verstehe ich auch nicht und wofür ich kein Herz habe, das kenne ich nicht.

[2] a.a.O., S. 559[23-24].

[3] a.a.O., S. 559[45-46].

[4] Mit WA ist die klassische historisch-kritische Ausgabe, die sogenannte Weimerana gemeint, es folgen die Bandzahl, lateinisch gezählt, die Seitenzahl und die Zeilenzahl.

[5] a.a.O., S. 559[43-44].

andern ort klar ist und wer das tunckell nit verstehen kann, der bleyb bey dem lichten.«[6] (WA VIII 239, 16ff.)

Am Markusevangelium möchte ich in zwei Abschnitten zeigen, inwiefern die heilige Schrift sich selbst auslegt und inwiefern schon Markus, indem er im Schlußteil seines Evangeliums Hinweise für dessen Auslegung gibt, mit der Auslegungskunst vertraut ist.

1. Die große Vorwegnahme

Nachdem Jesu Haupt im Hause Simons des Aussätzigen in Bethanien von einer Frau gesalbt worden ist, sagt Jesus, »Amen, ich sage euch, wo immer das Evangelium im ganzen Kosmos verkündigt werden wird, wird man auch erzählen was diese Frau getan hat zu ihrem Gedächtnis«, Mk 14,9. Was hat diese Frau getan?

Sie hat das Salböl verschwendet meinen einige, die dabeisitzen, Jesus korrigiert sie. Die Frau hat vielmehr ein »schönes Werk – καλὸν ἔργον« getan, Mk 14,6. Schön ist es nicht nur in sich, schön ist es auch, weil es ein anderes Werk vorwegnimmt: »προέλαβεν μυρίσαι εἰς τὸν ἐνταφιασμόν – vorwegnahm sie zu salben den Leib meiner zu dem Begräbnis«, Mk 14,8. Sie nimmt etwas vorweg, was dann aber niemand tut. Denn als die Frauen sehr früh am Tag nach dem Sabbat zum Grab kommen, seinen Leib zu salben, können sie es nicht, weil Jesus auferstanden war, Mk 16,1.2. So geht Jesu Wort »sie nahm vorweg, meinen Leib fürs Begräbnis zu salben« über das Grab hinaus zur Auferstehung. Das ist die große Vorwegnahme. Die Salbung Jesu, das schöne Werk der Frau, nimmt die Auferstehung des Christus vorweg. Christus heißt ins Deutsche übersetzt der Gesalbte. Der Duft der Auferstehung, die Lebendigkeit des Auferstandenen, breitet sich schon im Hause Simons aus.

Mit der Salbung dieser Frau ist alles vorweggenommen, was Markus in seinem Evangelium noch zu berichten hat, vor allem die Auferstehung, die ihrerseits die Wiederkunft vorwegnimmt. Vorwegnehmen heißt zunächst, dass etwas, was später hätte geschehen können oder sollen, schon jetzt geschieht. Innerhalb einer Erzählung hat das Vorwegnehmen die weitere Bedeutung, dass etwas jetzt Gesagtes erst in einem später Geschehenden oder Gesagten seinen Sinn enthüllt. Erst von der Auferstehung her verstehen wir, was diese Salbung vorweggenommen hat.

---

[6] a.a.O., S. 559[39-41].

In dieser großen Vorwegnahme sind zwei weitere, die des Abendmahls und die des Todes Jesu enthalten. Im Abendmahl spendet Jesus den Jüngern denselben Leib, den die Frau salbte. Nach der Salbung durch die Frau spricht Jesus von »meinem Leib – τὸ σῶμά μου« wie er im Abendmahl von »meinem Leib – τὸ σῶμά μου«, Mk 14,8.22 spricht, die Salbung nimmt die Spendung vorweg, die erste der beiden Vorwegnahmen. Die Salbung nimmt das Abendmahl vorweg, denn wie die Frau das Öl verschwendet, so verschwendet Jesus im Abendmahl seinen Leib und wie die Frau das Alabastergefäß zerbricht, so bricht Jesus im Abendmahl das Brot als seinen Leib, welcher gebrochene Leib wiederum am Kreuz gebrochen wird.

Mit den Worten »das ist mein Leib«, »das ist mein Blut des Bundes – τὸ αἷμά μου τῆς διαθήκης«, Mk 14,22.24. gibt Jesus beides seinen Jüngern zur Speise hin und nimmt darin seinen Tod vorweg, die andere in der großen Vorwegnahme eingeschlossene Vorwegnahme. Der Tod Jesu am Kreuz, so grausam wirklich er gestorben wurde, opferte doch den Leib und das Blut, das seinen Jüngern zur Lebensspeise geworden war. Sein Leib, als er ans Kreuz genagelt wurde, war sein Leib, und doch schon nicht mehr seiner, sondern der den Jüngern hingegebene, von ihnen verzehrte.

Sein Tod am Kreuz schließlich ist zugleich der Tod, der den Tod verlacht – durch die Auferstehung Jesu. Früh am Morgen kommen die Frauen, seinen Leichnam zu salben, zu spät, der Tote, Jesus, ist auferstanden, Mk 16,1.2. Die Salbung der Frau hatte eine Salbung der Frauen vorweggenommen, die niemals geschah, weil der Tote auferstanden war.

Von der Salbung seines Leibes zum Begräbnis, Mk 14,8, spannt sich der große Bogen der Erzählung des Markus, die er sein Evangelium nennt,[7] hin zur Auferstehung, die in dieser Salbung zuvor durch den überwältigenden Duft neuen, ewigen Lebens schon gegenwärtig ist.

Es ist eine Tat (ἔργον), Mk 14,6, dieser Frau, die alles vorwegnimmt, nicht eine Deutung. Diese Tat, das Ganzopfer des zerbrochenen Alabasters, strömt sich aus in getreuem (πιστικῆς, Mk 14,3), außerordentlich wertvollem (πολυτελοῦς, Mk 14,3) Duft. Der Duft der Auferstehung läßt schon den Tod Jesu anderes sein, als nur Tod. Die vorwegnehmende Tat verwandelt, was hernach geschieht, und das hernach Geschehene wirft sein Licht und seine Kraft zurück auf das zuvor Getane. Der Bericht des Markus fügt

---

[7] Vor allem an dieser Stelle, vgl. dazu das genau bedachte siebenmalige Vorkommen des Wortes Evangelium bei Markus, Mk 1,1.14.15; 8,35; 10,29; 13,10; 14,8.

dieses Zuvorgetane, die große Vorwegnahme, die er sein Evangelium für den ganzen Kosmos nennt, zusammen mit dem später Geschehenden, der Gabe von Leib und Blut, die Jesus seinen Jüngern verschenkt, derart dem Tod den Stachel nehmend. Die Tat nimmt vorweg, aber der Bericht fügt das Vorausgehende mit dem Folgenden zusammen und das Folgende enthüllt die vorausgegangene Tat und erschließt sie in ihrem Sinn. Erst die Frauen, die früh zum Grab kommen, den toten Jesus zu salben, geben der Salbung Jesu durch die Frau ihren ganzen Sinn. Hans von Campenhausen hat diesen Sachverhalt bezogen auf das ganze Markusevangelium im Blick: »Erst dadurch, daß Markus die Taten, Worte und Weissagungen Jesu geschlossen auf die Passionsgeschichte und auf die Auferstehung und Wiederkunft des Herrn hinauslaufen läßt, andererseits aber diese überlieferten Heilsdaten auf die konkrete Gestalt, Geschichte und Verkündigung Jesu zurückbezieht, ist die Botschaft vom erhöhten Heiland und Herrn gegen die auflösende Veränderung und Verflüchtigung geschützt.«[8]

So richtig es ist, bei jeder Station zu verweilen, bis hin zum Recht, die Stationen der Kreuztragung eine nach der anderen auszuhalten und sie wie das lebendige Wort zu verkosten, ebenso richtig ist es, den Weg und den Sinn des allmählich sich enthüllenden Ganzen nicht aus dem Auge zu verlieren. Markus erzählt das Ganze Station für Station immer im Blick auf das noch zu Erzählende und das bereits zuvor Erzählte. Er hat damit das Seine getan, der unausschöpfbare Reichtum des Erzählten ist Sache der Auslegung. Markus gibt eine Sequenz von Vorwegnahmen, Salbung in Bethanien, Abendmahlsworte Jesu, Tod am Kreuz und Auferstehung als das, den zur Salbung kommenden Frauen am Auferstehungsmorgen verkündigte Geheimnis. In dieser Sequenz zeigt sich in jeder Station die vergangene in einem neuen Licht und erst die Auferstehung erfüllt den Sinn aller Stationen. Betrachtet man dieses Enthüllungsprogramm, so kann man auch davon sprechen, daß Markus in ihm eine Verstehenslehre, eine Hermeneutik seines eigenen Evangeliums gibt. Markus erzählt nicht nur, er verwebt das Erzählte so wesentlich, daß die Erzählung zugleich die Weise beschreibt, wie das Erzählte zu verstehen ist. Damit gibt schon er gewissermaßen ein Beispiel für den Hauptsatz der Schriftauslegung Luthers: sacra scriptura sui ipsius interpres, die heilige Schrift ist ihre eigene Auslegerin. Das Evangelium des Markus gibt an seinem Höhepunkt, der Verkündigung von Tod und Auferstehung Jesu, den Weg seiner Auslegung gleich mit.

---

[8] Hans Freiherr von Campenhausen, Die Entstehung des Neuen Testamentes, Tübingen: Mohr 1968, S. 145[1-8].

2. *»Evangelium« im Evangelium nach Markus*

Noch von einer anderen Seite her verdient das Wort Jesu, das die Salbung in Bethanien abschließt, Mk 14,8, betrachtet zu werden. Denn dieses Wort ist mit allem verbunden, was das Evangelium des Markus ausmacht. Markus verwendet das Wort Evangelium hier zum siebten und letzten Mal. Dazu führt Martin Hengel aus: »Wie alle aufgeführten sieben εὐαγγέλιον-Texte bei Markus ist auch dieser letzte (14,9) vom Evangelisten bewußt plaziert. Zusammen mit dem vorletzten (13,10) wird dabei deutlich, daß er mit dem Begriff auch die für die antike Welt neue, ja einzigartige, in geographischer Hinsicht für seine Zeit unrealistisch anmutende und erstaunliche Vorstellung »weltweiter Mission« im Auge hat [...] Das zweite Evangelium [...] will, auch darauf weisen 13,10 und 14,9 hin, [...] die ganze Kirche, ja, über sie alle hörbereiten Menschen im Blick auf ihr Heil ansprechen, wie später auch Matthäus und Johannes. Das heißt, schon das Markusevangelium soll möglichst in allen Gemeinden im Gottesdienst gelesen werden. Das geschriebene, (vor)gelesene und ausgelegte Wort tritt damit als εὐαγγέλιον neben die bisherige ›viva vox‹ der Predigt und des Unterrichts: Als gesprochenes Wort und als Schrift ist es »rettende Botschaft«, auch die Evangelienschrift will missionarisch wirken, ja, sie tut dies durch ihre fixierte und damit bleibende Gestalt besonders nachdrücklich – bis auf den heutigen Tag. Kein literarisches Werk hat in der Geschichte Europas, ja der Welt, eine solche Wirkung entfaltet wie das der Vierevangeliensammlung, die mit dem εὐαγγέλιον κατὰ Μᾶρκον beginnt.«[9]

An der siebten Stelle, gleichsam am Ruhetage Gottes nach der Schöpfung spricht nicht, wie etwa in Mk 1,1 und 1,14, Markus berichtend vom Evangelium, sondern Jesus verkündigt das Evangelium selbst und ehrt mit ihm die ihn salbende Frau, solange die Kirche besteht. »Amen, ich sage euch, wo immer das Evangelium verkündigt wird im ganzen Kosmos, wird auch, was sie getan hat, geredet werden zur Erinnerung an sie – ἀμὴν δὲ λέγω ὑμῖν, ὅπου ἐὰν κηρυχθῆναι τo εὐαγγέλιον εἰς ὅλον τὸν κόσμον, καὶ ὃ ἐποίησεν αὕτη λαληθήσεται εἰς μνημόσυνον αὐτῆς«, Mk 14,9. Der ganze Kosmos ist das Universelle, das mit der Erde auch die himmlischen Mächte, die Welt der Mächte und Gewalten, vor allem aber die Welt der Engel umfasst, auch ihnen wird das Evangelium verkündigt werden, um auszusprechen, was diese Frau getan hat, zur Erinnerung an sie. Will man aber von dieser Frau erzählen, so muss man die ganze Jesusgeschichte berichten, womit die-

---

[9]   Martin Hengel, Die vier Evangelien und das eine Evangelium von Jesus Christus, Tübingen: Mohr Siebeck 2008, S. 164[2-23].

se, wie Markus sie erzählt, insgesamt zum Inhalt des verkündigten Evangeliums geworden ist,[10] dessen Wirkungskreis sich hier ins Universelle erweitert hat.

In dem Wort Jesu, das Evangelium wird »verkündigt werden – κηρυχθῆναι«, Mk 14,9 ist das Evangelium wie schon in Mk 13,10 reflexiv geworden, es tritt in ein Verhältnis zu sich selbst. Andere werden es verkündigen, Jesu Jünger, die Apostel und Markus, sein Evangelist. Ihnen wird die ganze Kirche folgen. Aber es bleibt zugleich dasselbe Evangelium, das Jesus ursprünglich verkündigte. Die feste Verbindung der ursprünglichen Verkündigung Jesu mit einer nachfolgenden, späteren kennen wir erst, seit Markus diese Verkündigung zu seiner Schrift gemacht hat. Seine eigene Verkündigung ist zum Instrument des von Jesus verkündigten Evangeliums geworden. Markus setzt voraus, dass er zu denen gehört, die gemäß Jesu Wort, die Aufgabe haben, das Evangelium unter allen Völkern, Mk 13,10, und dem ganzen Kosmos zu verkündigen, in dieser Weite nimmt er seine Berufung zum Evangelisten wahr.

Indem Markus in seinem Evangelium dasselbe verkündigt, was Jesus als Evangelium verkündigt, ist er der erste, der es dem Kosmos verkündigt, wie er, durch die Autorität des Petrus gedeckt, über Paulus hinausgehend, der erste ist, der Jesus das Evangelium verkündigen lässt. Seine fast unmerklich in das passive »Verkündigtwerden – κηρυχθῆναι« des Evangeliums untergebrachte doppelte Erstlingsschaft ist die hochgemute Bescheidung dessen, der in der Erfüllung seines Auftrages weiß, wozu er berufen ist.

Der ganze Raum ist vom wundervollen Duft des Nardenöls erfüllt, es ist als wolle es den Kosmos erfüllen. In diese Wolke von Duft hebt sich das Todesschicksal Jesu in der Auferstehung auf. Vorblickend auf den Tod Jesu, wie Jesus sagt, hat diese Frau ein Zeichen seiner Auferstehung gegeben, wie denn auch die ersten Auferstehungszeugen Frauen sind, die Jesus salben wollen. Es ist, als ob sich in dieser Erzählung das Evangelium noch einmal entgrenzt und wie mit Engelszungen redet, ein Gleichnis für das große Gleichnis, durch welches das Markusevangelium seine Wahrheit sagt.

Horst Folkers (*1945) lebt als Philosoph in Freiburg. Aus der hermeneutischen Schule Gadamers kommend, wundert er sich seit vielen Jahren über die Evangelien und versucht sie zu verstehen.

---

[10] Das deutet auch Hengel an, wenn er zum Wort Jesu über die Frau sagt: »Hier wird das Evangelium direkt mit der Erzählung einer einzigartigen Geschichte verbunden, die schon Jesu Tod im Blick hat«, a.a.O., S. 162[29-31].

Bücher

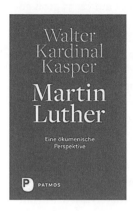

Walter Kardinal Kasper, *Martin Luther. Eine ökumenische Perspektive*, Patmos Verlag, 2. A. 2016, 96 S., 8,00 Euro. ISBN 978-3-843-60769-8

Derzeit »erwarten viele Christen zu Recht, dass das Gedenken von 500 Jahren Reformation im Jahr 2017 uns ökumenisch einen Schritt dem Ziel der Einheit näherbringen werde. Wir dürfen diese Erwartungen nicht enttäuschen.«

Walter Kardinal Kasper, ehedem Professor für Dogmatik und von 2001 bis 2010 Präsident des »Päpstlichen Rates zur Förderung der Einheit der Christen«, wählt gleich zu Beginn seines Essays deutliche Worte, die zugleich eine klare Absage an jede Form von konfessionalistischer Verengung des Reformationsgedenkens darstellen.

Zugleich ahnt der geneigte Leser: Der ökumenisch seit je her engagierte Theologe im Kardinalsrang sieht auch heute noch in der Reformation keinen Grund zum Feiern.

Was dürfen wir also erwarten, wenn sich ein profilierter katholischer Dogmatiker essayistisch knapp zum dieser Tage viel bejubelten Reformator äußert?

Zunächst einmal viel Anerkennung für die genuin religiösen Anliegen Luthers und den Hinweis, dass die katholische Lutherforschung des 20. Jahrhunderts »zu einem gerechteren Urteil über die Schuld an der Kirchenspaltung und im Zeichen der Ökumene zur Rezeption mancher seiner Einsichten« gelangt sei. Und nicht zuletzt: »Die letzten Päpste haben sich dieser Sicht angeschlossen«.

Erfreulicherweise nutzt Kardinal Kasper diesen Befund nicht zu einer Auflistung von Kon- und Dissensen im ökumenischen Dialog. Vielmehr gelangt er auf dem Weg der Wahrnehmung, heute seien »vielen, auch vielen praktizierenden Christen beider Kirchen, die von Luther aufgeworfenen Fragen gar nicht mehr verständlich«, zu der These: »Gerade die Fremdheit Luthers und seiner Botschaft ist seine ökumenische Aktualität heute.«

Zur Begründung dieser These nimmt er uns mit auf einen – gut les- und damit nachvollziehbaren – Parforceritt, angefangen mit einer ideengeschichtlichen Kennzeichnung der »Welt, in die hinein Martin Luther […] geboren wurde«, über »Luthers Anliegen: Evangelische Erneuerung der Christenheit« und der damit wohl oder übel verbundenen »Entstehung und Ende des konfessionellen Zeitalters« hin zu »Luther und der Geist der Neuzeit«.

Normalerweise Bibliotheken füllende Themen samt darin enthaltenen Kontroversen also zusammengefasst auf ca. 55 groß gedruckten DIN A5-Seiten.

Naheliegend ist der Vortrag skizzenhaft pointiert, gleichsam eine Anregung zur Hinterfragung eigener Klischees, Voreingenommenheiten und Einsichten. Mehr nicht – aber auch nicht weniger, zumal der Leser stets das große Engagement des Autors wohltuend spüren kann.

Zugleich fordert der pointierte Beitrag des katholischen Kirchenführers natürlich dazu heraus, seine Pointen hier und da näher zu beleuchten:

Beginnen wir mit Kaspers Zeichnung der Welt zu Luthers Zeiten: Er postuliert knapp: Diese Welt »ist uns heute fremd«. Anzeichen »herbstlichen Niedergangs« korrespondieren mit der Erfahrung des »Aufbruchs in eine neue Epoche«. Das Ansehen des Papsttums hatte schwer gelitten, Kolumbus aber im Auftrag der »allerchristlichen Könige« von Spanien Amerika entdeckt. »Insgesamt also eine Zeit des Übergangs, eine Sattelzeit, in der sich Altes und Neues begegneten, überlagerten und im Widerstreit miteinander lagen.« Und weiter: »Es gab Niedergang und Verfall; aber es gab auch eine katholische Reform schon vor der Reformation.« Diese Einsichten in Zusammenhang mit der Wahrnehmung, Luther könne man »nur aus dieser Spannung zwischen Mittelalter und Neuzeit« verstehen, führen Kasper zu der schönen Pointe, man könne »den jungen Luther sozusagen als einen Reform-Katholiken bezeichnen.«

Naheliegend kann der Kardinal nun dem gutwillig-temperamentvollen jungen Theologen und Augustinermönch ob seines Anliegens höchstes Lob zollen: »Luther erfasste alles aus seiner religiösen Tiefe […], sprach […], die existentiellen Fragen der Menschen an und erreichte ihre religiöse Tiefendimension. Mit unerhörter Wucht stellte er die zentralste aller Fragen, die Gottesfrage, ins Zentrum« und hat, man ahnt es bereits, mit der Erkenntnis, dass Gottes Gerechtigkeit wesentlich eine »passive, den Menschen gerecht machende« ist, »etwas Urkatholisches wiederentdeckt«. Entsprechend sind die 95 Thesen ein »Dokument der Reform, aber nicht der Reformation«. Luther war »ein Reformer, kein Reformator« und stand »in der langen Tradition der katholischen Erneuerer vor ihm«.

Kurz und prägnant legt der Kardinal den Gedanken nahe, die Reformation und mit ihr die daraus erwachsenen Kirchen sei eine Art von historischem Betriebsunfall , von Luther keinesfalls gewollt, allenfalls wider Willen gefördert durch eine leider auch vorhandene apokalyptisch geprägte Apodiktik seines Denkens.

Selbst wenn Kardinal Kasper seufzend festhält, Luther habe in »De captivitate Babylonica ecclesiae« 1520 »die sakramentale Ordnung der katholischen Kirche« verworfen, erscheint dies beinahe nur als historische Momentaufnahme, da der urkatholische Reformer ja trotz aller Betonung des Priestertums aller Gläubigen spätestens zur Zeit der Augsburger Konfession so weit gereift war, dass er »das kirchliche Amt als Zeichen der wahren Kirche« wieder ins rechte Licht rücken konnte.

Unsererseits pointiert formuliert: Einer Rekonversion Luthers stand eigentlich nur die damals zeittypische Intoleranz im Wege.

Umso erstaunlicher, dass der Kardinal den geneigten protestantischen Leser heute nicht einfach dazu einlädt, in die katholische »Weltkirche« zurückzukehren.

Stattdessen wendet er sich gegen Ende seiner Ausführungen Papst Franziskus zu. Dieser beschreibe die ökumenische Einheit im Bild des Polyeders, das heißt eines »vielfältigen Gebildes, das kein äußerlich zusammengesetztes Puzzle, sondern ein Ganzes ist und, wenn es sich um einen Edelstein handelt, das darauf fallende Licht in wunderbar vielfältiger Weise widerspiegelt.«

Zweifellos ein schönes Bild und sicherlich für die Vielfalt der Christinnen und Christen weltweit letztlich einladender als eine noch so charmant vorgetragene Argumentation zur Rekatholisierung Martin Luthers.

So bleibt Walter Kaspers Beitrag anregend für alle und einladend für diejenigen, die bei Ökumene vor allem an das Bemühen um Einheit mit der römisch-katholischen Kirche denken. Alle anderen hoffen auf Gottes sich im Polyeder widerspiegelnden Geist, der Gemeinschaft stiftet. *Axel Mersmann*

*Volker Leppin, **Die fremde Reformation. Luthers mystische Wurzeln**, Verlag C.H. Beck, München 2017, 247 S., 21,95 Euro. ISBN 978-3-406-69081-5*

Volker Leppin hat mit »Die fremde Reformation« ein Buch geschrieben, das man zwei Mal lesen sollte. Nicht, weil es so schwierig zu lesen wäre – ganz im Gegenteil: Für ein wissenschaftliches Werk ist es erstaunlich elegant und sogar mit gelegentlichem Witz geschrieben. Aber es behandelt ein Thema, das vielschichtiger und komplexer nicht sein könnte, nämlich die Darstellung des mittelalterlichen Kontextes der Strömungen und Entwicklungen, die einerseits zur Reformation und andererseits zu den ihr konträren Positionen geführt haben. Vieles liegt dabei näher zusammen, als es die Generation der Rezensentin in der Schule und auch noch auf der Universität gelernt hat. Und eines kam zu dieser Zeit ganz bestimmt noch nicht vor: die Mystik in ihrer Bedeutung für die Frömmigkeit und das Denken Martin Luthers. Nachdem Leppin diese Linie, der das Buch seinen Untertitel verdankt, schon in seiner 2006 erschienen und höchst lesenswerten Luther-Biographie deutlich nachgezeichnet und auch die Bedeutung der Lektüre der Predigten Johannes Taulers für Luthers Bußverständnis skizziert hat, bestimmt sie unter der Überschrift »Luthers spätmittelalterliche Frömmigkeit« das gesamte erste Kapitel des zu rezensierenden Buches und taucht von da an sozusagen ostinat immer wieder auf.

Historisch betrachtet handelt Leppin im Wesentlichen über das Jahrzehnt ab 1516, in dem das Mit-, In- und Gegeneinander mittelalterlicher Theologie- und Frömmigkeitsrichtungen und der politischen und geistesgeschichtlichen Strömungen zu dem geführt hat, was wir heute Reformation nennen. Dass es sich dabei nicht um ein punktuell anzusetzendes Ereignis mit Langzeitwirkung handelt, hat sich mittlerweile herumgesprochen (auch wenn der dämliche Titel der drei nationalen Sonderausstellungen zum Reformationsjubiläum »3xHammer – Die volle Wucht der Reformation« – erneut Zweifel daran aufkommen lässt). Dass es aber eher viele innermittelalterliche Langzeitentwicklungen waren, die zu dem führten, was sich dann als reformatorische und im Näheren als lutherische Theologie herauszubilden begann, wird erst in jüngerer Zeit deutlich formuliert: »Reformatorische Theologie war im strengen Sinne Verstärkung der vorhandenen mittelalterlichen Tendenzen. Sie griff diese auf und gab ihnen einen neuen Impuls und damit durchschlagende Kraft.« (Leppin in »Die Wittenberger Reformation und der Prozess der Transformation kultureller zu institutionellen Polaritäten«, 2008) So betrachtet der Autor auch den 31. Oktober 1517 als ein »innermittelalterliches Ereignis« (60) und setzt den eigentlichen Bruch mit Rom, den Vollzug der Kirchenspaltung, mit der Verbrennung der Bulle *Exsurge Domine* (sog. »Bannandrohungsbulle«) am 10. Dezember 1520 an (111).

Seinem Thema der »fremden Reformation« nähert sich Leppin in sieben Kapiteln. Er umkreist es dabei immer wieder unter unterschiedlichen Fragestellungen. Nach der Darstellung von Luthers spätmittelalterlicher Frömmigkeit (Kap. 1) wird in Kap. 2 die Entwicklung »von der mystischen Lektüre zu den 95 Thesen« als eine Relecture mittelalterlicher Buß- und Passionstheologie, zu der die durch Staupitz vermittelte »Hauptbotschaft [...], dass das Heil ganz allein an Jesus Christus und der Gnade Gottes hing« (45) kam, nachgezeichnet. In Kap. 3 und 4 stellt der Autor Politisches und Kirchenpolitisches dar. Hier geht es u.a. um die »Entde-ckung des Publikums« (72) als neuer Macht im gesellschaftlichen Diskurs, um die Bedeutung des Papstes und die großen Disputa-tionen bis hin zur Wittenberger Bücherverbrennung. Als Herz-stück des Buches erweist sich Kap. 5 »Transformationen der Mys-tik«. Hier fällt als Überschrift das Leitwort, mit dem sich Leppins gesamter Forschungsansatz charakterisieren lässt. In seinem 2015 erschienenen Aufsatzband »Transformationen« schreibt er über die Verwendung dieses Bildes (VI): »Mit ihr (sc. Transformation) verbindet sich der Gedanke allmählichen Wandels. [...] Eine Transformation enthält nicht nur das Moment der Kontinuität, sondern auch das der Änderung. Mit dem Begriff ist nicht ein Ver-zicht auf die Vorstellung verbunden, dass die Reformation Neues gebracht hat. Wohl aber wird die Neuheit auf eigene Weise be-schrieben. Sie tritt nicht abrupt und unvorbereitet ein, sondern sie resultiert aus einem langen, allmählichen Wandel. Und sie steht zum Vorangehenden nicht in einem einfachen Verhältnis des Ge-gensatzes, sondern in einem hochkomplexen Verhältnis der Neu-und Umakzentuierung, der Ablösung und Anknüpfung.« Die letzten beiden Kapitel zeigen den Weg »Von der Mystik zur Poli-tik« und »Mystische Wege jenseits von Luther« auf, bevor Leppin im Epilog die Stellung protestantischer Theologie zur Mystik vom ausgehendem 16. bis zum 20. Jahrhundert knapp umreißt. Die – wegen der flüssigeren Lesbarkeit – dankenswerter Weise im An-hang untergebrachten Anmerkungen und ein Personenregister vervollständigen das Buch, das hohes wissenschaftliches Niveau mit Leidenschaft für das Thema und dem handwerklichen Ge-schick verbindet, es einem interessierten Publikum gut lesbar nahe zu bringen.

Weshalb sollte man dieses Buch lesen? Leppins Verdienst be-steht darin, viele Dinge historisch genau zu betrachten und zu ver-knüpfen, die wir gewohnt sind, getrennt voneinander oder gar nicht wahrzunehmen: die Stellung der Fürsten und Ritter im deutschen Reich, die Machtpolitik der Päpste, die unterschiedli-chen Frömmigkeitsrichtungen und die zu Unrecht diagnostizierte Bibelvergessenheit des Mittelalters, die Bedeutung der Gelehrten-Gesellschaften (sodalitates) für die akademische Disputationskul-tur, Luthers vielfache Funktionen als »spätmittelalterlicher Er-bauungsschriftsteller« (61 u.ö.), mystisch beeinflusster Frömmig-keitstheologe (67) und »streitlustiger Akademiker« (68), als Predi-ger, Seelsorger, Medien-User, Kirchenrebell etc. Es lassen sich schwerlich alle Fäden, die der Autor verfolgt, in einer Rezension ansprechen, geschweige denn ihre verworrenen Wege nachzeich-nen. Also lese man selbst – am besten zweimal! *Sabine Zorn*

Christian Lehnert/Manfred Schnelle, **Die heilende Kraft der reinen Gebärde.** *Gespräche über liturgische Präsenz,* Evangelische Verlagsanstalt, Leipzig 2016, 96 S., 14,80 Euro. 978-3-374-04428-3

Der Dresdner Tänzer, Choreograph und spirituelle Lehrer Manfred Schnelle (1935–2016) lebte im künstlerischen und geistlichen Tun. Theoretische Ausführungen lagen ihm weniger; mit der schriftlichen Fixierung seiner Erfahrungen und Einsichten tat er sich schwer. Erst gegen Ende seines Lebens übergab er Freunden hin und wieder kurze Texte und graphische Darstellungen, die Wesentliches zusammenfassten – mit dem ausdrücklichen Wunsch der praktischen Verwendung. Zahlreiche Auftritte in Kirchen hatten nicht nur Manfred Schnelles Beziehung zum christlichen Glauben intensiviert, sondern auch seine wache Wahrnehmung liturgischer Vollzüge gefördert. In der Liturgie sah er »eine geistlich-leibliche Ausdrucks- und Lebensform des Glaubens im untrennbaren Ineinander von Wort, Musik und Bewegung« (S. 5), deshalb führten seine Reflexionen des Erlebten weit über »technische« Details hinaus.

Christian Lehnert, dem Wissenschaftlichen Geschäftsführer des Liturgiewissenschaftlichen Institutes der Vereinigten Evangelisch-Lutherischen Kirche Deutschlands in Leipzig, ist es zu danken, dass diese Reflexionen im zweiten Bändchen der Reihe »Impulse für Liturgie und Gottesdienst« aufbewahrt sind – als bedeutender Teil des geistigen Vermächtnisses von Manfred Schnelle und – dies vor allem – als Anregung zum übenden Nachvollzug.

Christian Lehnert hat Manfred Schnelle 2015 und 2016 in mehreren Interviews befragt, »wie aus seiner Sicht als Tänzer eine starke und glaubhafte liturgische Präsenz von Pfarrerinnen und Pfarrern entsteht und wie man sie üben und erlernen kann«. (S. 5f.) Entstanden ist ein übersichtlich gegliedertes und gut lesbares Buch, das sachliche Auskünfte in lockerer Folge präsentiert, dem Leser aber auch den Menschen Manfred Schnelle nahebringt und in seine äussere und innere Biographie mit ihren politisch bedingten Brüchen und ihren künstlerischen und geistigen Leitsternen hineinschauen lässt. Die Formulierung des Titels »Die heilende Kraft der reinen Gebärde« verortet Schnelle ohne nähere Angaben in der alten Kirche (S. 16); dem Rezensenten ist sie in Karlfried Graf Dürckheims Werk »Vom doppelten Ursprung des Menschen« begegnet. Die *reine Gebärde* ist für Dürckheim die dem Wesen *gemässe Gebärde,* »unverstellt […] für das Sein im persönlichen Ausdruck seiner Fülle, Gesetzlichkeit und Einheit« (a.a.O., S. 119). In aller Bewegung, nicht nur im Knien, im Tanz oder im sakralen Schreiten, das heißt nicht nur in der kultisch gebundenen Bewegung, ist die Chance gegeben, sich in seiner Zugehörigkeit und im Dienst der mit unserem unendlichen Ursprung gegebenen Wirklichkeit, auf dem Weg auf sie hin und von ihr her zu erfahren und zu bewähren. Voraussetzung ist freilich, dass man sich bewusst oder unbewusst, ständig in der ›Chance des Numinosen‹, das heisst im Kontakt mit dem Wesen, hält oder zu halten bemüht ist.« (a.a.O., S. 115) Der Band enthält neun Kapitel: Drei zu allgemeinen Themen zu Beginn: »Der Raum und der Körper«, »Richtungen – Ausrichtungen«, »Das Gehen und das Sitzen«, dann vier, die der Struktur des Gottesdienstes folgen: »Der Anfang – Die Begrüßung, Gebetsgesten«, »Die Eingangsliturgie«, »Das Abendmahl« sowie »Segen und Kreuzeszeichen«; die letzten beiden Kapitel sind »Liturgie und Tanz im Spiegel künstlerischer Erfahrung« und der »Übung« gewidmet. Im Laufe von Jahrzehnten gesammelte Erfahrung und gewonnene Einsicht verdichtet sich in prägnanten Sätzen, die – mindestens – eine kreative Auseinandersetzung provozieren. Viele Fotografien liturgischer Gesten sorgen für Anschaulichkeit. Manfred Schnelle hat bei zahlreichen Gelegenheiten, u.a. bei der Arbeit mit Vikarinnen und Vikaren, zur Entfaltung liturgischer Kompetenz beigetragen. Die im Buch festgehaltenen, mit weiteren Notizen und »aphoristischen Sprachminiaturen« (S. 7) angereicherten Gespräche wollen diesen Dienst fortsetzen. Es bietet weit mehr als einen »liturgischen Knigge«, weil der unauflösliche Zusammenhang von Innen und Außen, spirituellem Gehalt und leiblicher Gestalt ständig im Blick ist. Ein »Nachwort und Nachruf« des Dresdner Autors Boris Gruhl, in erster Fassung kurz nach Manfred Schnelles Tod am 17. Februar 2016 in einer lokalen Tageszeitung erschienen, steht am Schluss des Buches. Unter dem einer Dichtung Heinrich Heines entnommenen Motto »Tanzen war ein Gottesdienst, war ein Beten mit den Beinen« zeichnet Gruhl kenntnisreich den beruflichen Werdegang des Künstlers nach.   *Christoph Führer*

Luthers Lieder. Athesinus Consort Berlin, Leitung: Klaus-Martin Bresgott; Kammerchor Stuttgart, Leitung: Frieder Bernius; Sophie Harmsen, Mezzosopran; Matthias Ank, Orgel. 2 CDs, Booklet 104 S. Text (dt. und engl.) – Carus-Verlag Stuttgart in Koproduktion mit Deutschlandradio Kultur und edition chrismon, Carus 83.469, 19,90 Euro, EAN 4-009350-83469-9.

Die Zahl der zum Reformationsjubiläum 2017 neu erschienenen bzw. erscheinenden musikalischen Produktionen ist Legion. Das ist auch auf dem unübersichtlichen CD-Markt so. Aus dieser Fülle hebt sich eine (Doppel-)CD heraus, die vor allem wegen ihres Konzepts und ihrer Qualität Beachtung verdient. Hier erklingen erstmals alle 35 geistlichen Lieder, die Martin Luther geschrieben hat, in ganz unterschiedlichen Chorsätzen und Choralkantaten vom 16. Jahrhundert bis in die Gegenwart sowie Choralbearbeitungen für Orgel.

CD 1 stellt alter Musik (Reformationszeit und Barock) neue Musik des 20./21. Jahrhunderts gegenüber, die eigens für diese Produktion geschrieben und erstmals hier eingespielt wurde. Die erste Hälfte der Stücke geht dem Kirchenjahr entlang, beginnend mit Samuel Scheidts »Nun komm der Heiden Heiland« bis zu seiner Vertonung des Trinitatis-Lieds »Gott, der Vater, wohn uns bei«. Die zweite Hälfte entspricht der Rubrik »Glaube, Liebe, Hoffnung« und schließt mit dem stark wortgezeugten »Verleih uns Frieden gnädiglich« von Thomas Jennefelt. Während Luthers Zeitgenosse und langjähriger Torgauer Freund Johann Walter sich noch des kraftvollen und variantenreichen Tenorlieds bedient, bauen die folgenden Generationen um Michael Praetorius und Samuel Scheidt den Klang in frühbarocker Pracht kunstvoll bis zur doppelchörigen Motette aus, weiter verfeinert von Johann Hermann Schein und virtuos ausgestaltet von Johann Sebastian Bach.

Die Gegenüberstellung von alter und neuer Musik ist überaus reizvoll. Letztere lehnt sich entweder an den traditionellen Stil der alten Meister an (Myrus), oder sie kommt gemäßigt modern daher (Brell), mit jazzinspirierter Harmonik (Drescher, Jaekel) oder im empathischen Sinne als Neue Musik (Jennefelt, Schwemmer). Die Luther'sche Botschaft kann zuweilen fast aufdringlich werden, wie Stefan Vanselows rhythmisch pulsierendes »Nun freut euch lieben Christen gmein« zeigt. Was diese CD zum Hörgenuss werden lässt, ist die Interpretation des Athesinus Consorts Berlin. Es ist nicht nur darauf spezialisiert, Musik der Renaissance und des Barock mit moderner Musik konfrontieren, sondern es überzeugt einmal mehr mit intensiver Musizierfreude, einem transparenten Klangbild, präziser Artikulation und absoluter Intonationssicherheit.

CD 2 setzt ihren Schwerpunkt bei fünf auf Lutherliedern basierenden Psalmkantaten von Felix Mendelssohn Bartholdy. Sie sind geprägt von der intensiven Auseinandersetzung des Komponisten mit dem protestantischen Glauben, zu dem er bereits in jungen Jahren konvertiert ist. Diese künstlerischen Kleinode hatte er von Anfang an für den Konzertsaal geschrieben. Sie stehen in ihrer Eindrücklichkeit und Dramatik in ihrer Wirkung seinen

Oratorien in nichts nach. Dazwischen machen Chor- und Orgel-
werke von Schütz, Bach und Reger den singenden Luther weiter
plastisch. Der Kammerchor Stuttgart unter seinem Leiter Frieder
Bernius lässt diese Aufnahme zum Erlebnis werden mit seinem
klaren Klangbild bei gleichzeitiger stimmlicher Intensität und
profunder Ausdeutung des Notentexts.

Ohne Zweifel darf die Zusammenstellung dieser Aufnahmen
als grundlegend für die Beschäftigung mit Luthers Liedern gelten, und sie wird es auch über das Reformationsjubiläum hinaus
bleiben. Zur Vertiefung trägt das umfangreiche, aufwändig gestaltete Textbuch bei, mit Meditationen zu ausgewählten Liedern
von Margot Käßmann, Frank-Walter Steinmeier, Markus Mecke,
Ludith Zander, Uwe Kolbe und anderen.   *Martin Frieß*

Adressen

Dr. Horst Folkers, Johanniterstr. 5, 79104 Freiburg/Br. • Martin Frieß, Schmiedwiesenweg 15, 75387 Neubulach • Prof. Dr. theol. Christoph Führer, Alte Landstr. 111, CH-8708 Männedorf • Dr. Thomas Hahn-Bruckart, Gartenfeldstr. 23, 55118 Mainz • Pfr. i.R. Oskar Greven, Herrnhuter Allee 7, 56564 Neuwied • Dr. Florian Herrmann, Friedhofstraße 1, 95176 Konradsreuth • Pfr. Prof. Dr. theol. h.c. Ernst Hofhansl, Parkgasse 7, A-3021 Pressbaum-Rekawinkel • Bischof em. Kristján Valur Ingólfsson, Skalholt – biskupshus, IS-801 Selfoss • Bischof em. Dr. Hartmut Löwe, Viktoriastraße 4, 53173 Bonn • Pfr. Axel Mersmann, 42855 Remscheid, Eschenstraße 21 • OKR Dr. Roger Mielke M.A., Kunosteinstr. 5, 56566 Neuwied • apl. Prof. Dr. Thomas Martin Schneider, Akad. Direktor, Universität Koblenz-Landau, Universitätsstraße 1, 56070 Koblenz • Pfr. Dr. Heiko Wulfert, Kirchgasse 12, 65326 Aarbergen • Pfr. Dirk Vogel M.A., Auf dem Berge 9, 99947 Bad Langensalza • Prof. Dr. Peter Zimmerling, Theologische Fakultät, Martin-Luther-Ring 3, 04109 Leipzig • Pfr.in i.R. Sabine Zorn, Königstr. 28c, 59427 Unna

Das Thema des nächsten Heftes wird »Grenzen« sein.